PASCALE NAESSENS

Pur genießen

MEINE NATÜRLICHE KÜCHE

FOTOGRAFIE: HEIKKI VERDURME

Inhalt

Vorwort

Es geht um Romantik, um Kreativität, um Kommunikation, um Gesundheit und vor allem um Genuss.

In diesem Buch geht es also um viel mehr als nur ums Kochen. Ja, dies ist ein Kochbuch. Und es zeigt, wie ein natürlicher und einfacher Kochstil die gesamte Lebensqualität erhöht: Was man isst und wie man isst, beeinflusst in hohem Maße das Glücksempfinden.

Mein Kochstil ermöglicht es mir heute, das Leben in vollem Umfang zu genießen und auf nichts zu verzichten. Eine gute und gesunde Ernährung, kochen mit wenig Zeitaufwand, schlemmen in fröhlicher Runde und dabei schlank bleiben – was sich nach der Quadratur des Kreises anhört, ist wirklich problemlos zu schaffen.

Bis ich das herausgefunden hatte, war ich allerdings lange Zeit auf dem Ernährungs-Irrweg. Spätestens in meiner Zeit als Model lernte ich, dass es für den Körper einen Unterschied macht, ob man ihm gute, schlechte oder gar keine Nahrung zuführt. Den ersten Schritt in die falsche Richtung setzte ich, als ich dem modeltypischen Magerwahn verfiel. Zum ersten Mal in meinem Leben hielt ich Diät. Und wurde mit dem Jo-Jo-Effekt nur allzu vertraut. In Paris lebte ich lediglich von einer Handvoll Nüsse pro Tag, aber in Mailand und Madrid trieb mich der Heißhunger dann schon oft in die Panini-Bistros. Natürlich nahm ich dadurch zu, genau wie jeder andere Mensch, der sich falsch ernährt. Ich fühlte mich miserabel und hatte kaum Energie.

Deshalb suchte ich nach einer Lösung. Ich wollte mehr wissen über die Zusammenhänge zwischen Ernährung und Gesundheit, Geist und Körper. Nach und nach konnte ich mir Spezialwissen aneignen, durch Bücher sowie Ausbildungen zur Ernährungs- und Gesundheitsberaterin, Shiatsu-Therapeutin und zur Restaurantfachfrau.

Aus all diesen Erfahrungen entstand der Kochstil, den ich Ihnen in diesem Buch schmackhaft machen möchte: Ich lege Wert auf Einfachheit und Natürlichkeit, verarbeite ausschließlich naturbelassene Zutaten und gesunde Fette und achte auf die richtigen Kombinationen der Lebensmittel. Mit dem Erfolg, dass ich viel mehr essen kann als früher, keine Kalorien mehr zähle und bei jeder Mahlzeit ohne Schuldgefühl schlemmen kann, Wein inklusive. Ich schwelge in Genüssen und nehme dabei nicht ein einziges Gramm zu.

Denn mein Kochstil orientiert sich streng an dem, was für den menschlichen Körper natürlich ist, worauf er gut reagiert, was ihm Energie bringt. Als ob der Körper tatsächlich zwischen der puren Nahrung und industriell produzierten Lebensmitteln unterscheiden kann.

Was diesen Kochstil zusätzlich einfach macht: Sie müssen kaum etwas abwiegen und keine Kalorien zählen. Mengenangaben bei den Rezepten sind nur eine Orientierung. Man isst so viel, wie man will, abhängig von Geschlecht, Arbeitsbelastung, sportlicher Aktivität und Stoffwechsel – und die sind bei jedem Menschen anders. Im Zweifelsfall gibt's eine doppelte Portion!

Mein Buch handelt von köstlichem Essen, vom Genießen und vom echten Leben. Vom Erleben geselliger Tafelrunden mit Freunden und lieben Menschen.

So einfach kann es sein, gesund zu essen.

Alles Liebe

Pascale

Danke, jetzt macht das Kochen wieder Spaß!

Ausgewählte Kommentare von Leserinnen und Lesern, die meine Rezepte nachgekocht haben.

Deine Bücher waren eine Offenbarung für mich. Ich sitze schon seit Jahren in der Jo-Jo-Gewichts-Falle. Nachdem ich dein Buch gelesen habe, ernähre ich mich jetzt völlig anders, ich habe keine Magenbeschwerden mehr und schlafe wesentlich besser als früher. *Stéfanie*

Einfach – herzlichen Dank. Schlicht, mit dem gewissen Etwas. Kochen macht wieder Spaß. Ergebnis: ein ums andere Mal lecker!!! *Rebecca*

Meine Frau kocht jeden Tag eines Ihrer Gerichte! Sie haben in ihrer Kochroutine eine wahre Revolution ausgelöst. Wir genießen und behalten unser Idealgewicht. *Bob und Rita*

Ich habe alle meine Kochbücher entsorgt. Meine Küche zieren jetzt ausschließlich deine Kochbücher. Vielen Dank für all das einfache, gesunde und ausgesprochen leckere Essen. Kochen bereitet mir mittlerweile überhaupt keinen Stress mehr. *Grüße, Jet*

Ich bin eine voll berufstätige, alleinerziehende Mutter von drei Jungs im Alter von 14 bis 18 Jahren und deine Rezepte haben unser aller Leben verändert. Nicht nur, dass die Jungs nun gesund essen, die Gerichte lassen sich auch im Handumdrehen zubereiten und sind super lecker. Auch nicht zu verachten: Man hat kaum Abwasch und dadurch habe ich auch mehr »Quality Time« mit den Dreien. *Kuss, Veronique*

Es muss einmal gesagt werden. Meine Frau kocht jetzt etwa eine Woche lang Ihre Rezepte und es ist unfassbar, unfassbar lecker. Wirklich absolut großartig. *Marc*

In diesem Buch spielt Gemüse die Hauptrolle.

Ich habe da dieses Bild vor Augen ... lange Sommerabende, an denen man sich draußen zum Essen trifft. Doch ob bei einem Festmahl mit Freunden oder einem Tête-à-Tête – auch als Gastgeberin will ich mitgenießen und bei meinen Gästen sein. Also: möglichst wenig Arbeit in der Küche, mit dem besten Ergebnis.

Der Sommer steht stellvertretend für Leben, leuchtende Farben und buntes Gemüse. Gemüse ist ausgesprochen köstlich, einfach zuzubereiten und hält den Körper gesund. Besorgen Sie sich auf dem Markt unterschiedliche Sorten und lassen Sie sich von den vielen farbenfrohen Rezepten in diesem Buch inspirieren. Kombinieren Sie Gemüse mit einem gegrillten Stück Fisch oder Fleisch und schon haben Sie ein fantastisches Gericht gezaubert. Gemüse macht's! Und das ist der Grund, weshalb es in diesem Buch die Hauptrolle spielt.

Leckeres Essen genießen und Freude am eigenen fitten und gesunden Körper, das sind für mich zwei Seiten einer Medaille. In diesem Buch habe ich versucht, diverse Fragen zu beantworten wie: Warum haben wir Heißhunger auf Fett und Zucker? Warum sind schnelle Kohlenhydrate keine ideale Nahrung für uns? Welche Ernährung passt am besten zum Menschen?

Kochen Sie meine Rezepte nach, genießen Sie sie und machen so selbst die Erfahrung, wieviel Kraft man aus seiner Ernährung ziehen kann. Sie werden sich besser fühlen, voller Energie, und Übergewichtige werden abnehmen. Bereits nach einem einzigen Tag werden Sie den Unterschied merken und das wird Ihnen ein Ansporn sein, weiter zu machen. Aber das Wichtigste ist, dass Sie einfach köstlich tafeln können, mit anderen Worten: *Pur genießen.*

Viel Erfolg!

Rezept siehe S.56

Meine persönliche Suche

Als ich meine Karriere als Model begann, habe ich zum ersten Mal in meinem Leben eine Diät ausprobiert. Die Kilos schmolzen zwar dahin, aber anschließend war ich so aufs Essen fixiert, dass die Kilos sofort wieder zurückkamen – und noch mehr als zuvor. Während meiner Zeit als Model habe ich so ziemlich alle Diäten ausprobiert, und sie haben, zumindest in den ersten Wochen, alle funktioniert. Aber Diäten sind häufig viel zu extrem, sie greifen einen psychisch und physisch an, weil man mit ihnen Mangelzustände im Körper hervorruft, die uns förmlich zwingen, genau die Lebensmittel essen zu wollen, in denen die entbehrten Substanzen sitzen. Der Hormonhaushalt wird auf den Kopf gestellt. Aber fast noch größer sind die psychischen Folgen, denn man bekommt rasendes Verlangen nach all den »verbotenen Früchten«.

Jahrelang habe ich gekämpft, nicht so sehr gegen die Kalorien, sondern vielmehr gegen mich selbst. Werde ich es schaffen, nicht zu viel zu essen? Wie schaffe ich es, meinen Hunger zu unterdrücken, wenn ich wieder einmal eine Diät mache? Am schlimmsten fand ich es, dass ich mich miserabel fühlte, keine Energie mehr hatte und meine Gedanken ständig ums Essen kreisten. So konnte es einfach nicht weitergehen.

Irgendwann habe ich mich dann in wissenschaftliche Literatur über Ernährung vertieft. Was macht die Nahrung mit uns Menschen? Unser Körper benötigt Essen – und letztlich doch mehr als nur einen Apfel und ein Salatblatt. Welchen Stellenwert hat die Ernährung in der menschlichen Evolution? Inwiefern ist der Mensch ein Produkt dessen, was er isst? Wann gerät er aus dem Lot?

Darüber hinaus machte ich eine Ausbildung zur Gesundheitsberaterin, die östliche und westliche Philosophien integriert. Meine Ausbildung zur Shiatsu-Therapeutin hat mir zudem Erkenntnisse über die komplizierten Wechselwirkungen im menschlichen Körper vermittelt. Meine Liebe zum Kochen konnte ich nicht nur in meiner Ausbildung zur Restaurantfachfrau ausleben, sondern vor allem auch zu Hause, wo ich für meinen Mann und meine Freunde koche – und nichts macht mir mehr Spaß. Inspirieren lasse ich mich vorwiegend von der mediterranen und der asiatischen Küche, die für mich nicht nur die leckersten, sondern nach Aussage vieler Wissenschaftler auch die gesündesten sind.

Worauf meine gesunde Küche basiert

Meine wichtigste Erkenntnis ist die, dass wir uns heutzutage sehr weit von der Natur, von uns selbst und einer naturgemäßen Ernährung entfernt haben. Wie wir essen und was wir essen, hat nichts mehr mit dem zu tun, was Menschen vor Urzeiten aßen. Wir essen alles Mögliche durcheinander und bevorzugen dabei auch noch industriell verarbeitete Produkte und raffinierte Fette. Wir geben uns große Mühe, der Natur ins Handwerk zu pfuschen. Die Konsequenz davon ist, dass wir in einer Gesellschaft leben, in der es noch nie so viele Übergewichtige gab wie heute und in der es um die Gesundheit vieler ziemlich schlecht bestellt ist. Herz- und Kreislauferkrankungen, Diabetes – das sind alles relativ moderne Krankheiten, die erwiesenermaßen in erster Linie auf unsere Lebensweise zurückzuführen sind.

Verrückterweise wissen wir, wenn wir ehrlich sind, durchaus über diese Tatsachen Bescheid. Eigentlich erzähle ich Ihnen nichts Neues. Intuitiv spüren wir, was richtig und was falsch ist. Meine Art zu essen ist deshalb auch in gewisser Weise ein »Nachhausekommen«, etwas ganz Natürliches – und ist daher auch so leicht umzusetzen.

Bei meiner Suche nach einer gesunden und leckeren Ernährungsweise kehre ich immer wieder zu denselben wichtigen Prinzipien zurück:

- Natürliche Zutaten
- Gute Fette
- Gesunde Lebensmittelkombinationen

Gesunde Lebensmittelkombinationen

Führen Sie sich einmal das folgende Menü vor Augen: als Vorspeise Fisch mit Sauce, gefolgt von einem Pfeffersteak mit Pommes frites, anschließend eine Käseplatte mit etwas Obst und Brot und zum Nachtisch Mousse au chocolat. Damit ist unser Verdauungssystem komplett überfordert. Es ist einfach nicht dafür gemacht.

Lassen Sie uns einmal zu den Anfängen zurückkehren. Der Mensch war ein Jäger und Sammler, was ihm an Essbarem in die Hände kam, das aß er auf. In der Regel war das zu einem gegebenen Zeitpunkt nur eine einzige Lebensmittelsorte. Heutzutage aber leben wir in einer Welt des Überflusses und statt Obstbäume abzusuchen, brauchen wir lediglich durch einen Supermarkt zu schlendern und haben dort mehr Angebot vor Augen, als unsere Vorfahren in einem ganzen Leben hätten sammeln können. Dabei sind wir im Wesentlichen noch die identischen Menschen. Mit den gleichen Genen wie die einstigen Jäger und Sammler. Mit dem gleichen Verdauungssystem. Die Welt um uns herum hat sich schneller verändert als wir. Wenn wir das, was wir essen, in einer Art und Weise verstoffwechseln wollen, die gesund ist und Rücksicht auf unseren Körper nimmt, müssen wir uns an bestimmte Regeln halten.

Die wichtigste Regel ist: Kohlenhydrate niemals zusammen mit Eiweiß essen.

Jede Lebensmittelgruppe benötigt zu ihrer Verstoffwechselung spezielle Enzyme. Isst man alles durcheinander, bringt man das gesamte System aus dem Lot. Jede Mahlzeit sollte so einfach wie möglich sein. Beschränken Sie sich auf ein bestimmtes Nahrungsmittel, beispielsweise Fisch oder Fleisch, und kombinieren Sie dieses mit verschiedenen Gemüsesorten. Es können aber auch Käse oder Kartoffeln im Mittelpunkt stehen, wiederum kombiniert mit Gemüse. Erscheint Ihnen das kompliziert? Dann werfen Sie einen Blick in die Rezepte. Sie werden merken, dass es sich eigentlich um recht gängige Gerichte handelt.

Kein einziges Lebewesen in der Natur isst so viel durcheinander wie der Mensch.

Wer sich an die Vorgaben der geeigneten Lebensmittelkombinationen hält, wird unmittelbar spüren, wie gut das tut:

- kein Völlegefühl
- kein überlasteter Magen
- keine Blähungen im Darm
- kein Müdigkeitsanfall
- man fühlt sich fitter und hat mehr Energie, weil der Körper auf diese Weise die meisten Nährstoffe aus den Speisen gewinnen und alles besser verdauen kann
- Lebensmittel, die schwer verdaulich sind, werden schneller in Fett umgewandelt.

Jeder Arzt wird Ihnen erklären, dass Gesundheit mit einer intakten Darmflora steht und fällt. Im Darm werden unserer Nahrung die meisten Nährstoffe (unter anderem Vitamine und Spurenelemente) entzogen. Wenn wir allerdings viele unterschiedliche Lebensmittel durcheinanderessen, führt das zu Fäulnisprozessen im Verdauungstrakt, bei dem nicht nur ungesunde Stoffe entstehen, sondern auch viele wertvolle Nährstoffe verlorengehen. Die Folge ist, dass wir nicht genug Energie haben. Darüber hinaus schwächen wir so unseren Körper.

Meine Rezepte in diesem Buch berücksichtigen durchweg das Gebot guter Lebensmittelkombinationen. Probieren Sie es einmal selbst aus, Sie werden den Effekt unmittelbar erleben können.

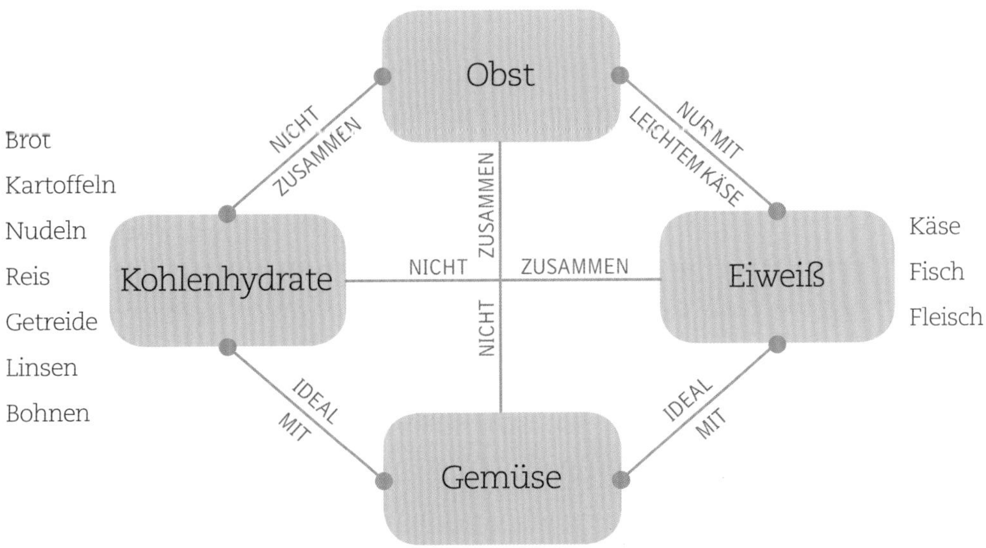

Die Natur ist
in ihrer Stimmigkeit so faszinierend.
Je mehr Respekt wir ihr
entgegenbringen, desto mehr
respektieren wir auch uns selbst.

Warum wir Heißhunger auf Fett und Zucker haben

In Bezug auf Zucker und Fett hat unser Körper keine natürlichen Bremsen. Doch was für den Urmenschen ein Vorteil war, wird uns heute zum Nachteil.

Als der Mensch noch Jäger und Sammler war, bestand seine Nahrung vorwiegend aus Nüssen, Samen, Wildpflanzen, Früchten, Knollen, Eiern, Fisch und Fleisch. Hin und wieder aß der Mensch Honig aus Bienenwaben, das war der einzige Zucker, der ihm zur Verfügung stand. Er bewegte sich ständig und was er aß, setzte er sofort in motorische Energie um. Aus urmenschlichen Skeletten lässt sich ableiten, dass diese Jäger kerngesund waren und nicht kleiner als der moderne Mensch. Der jagende Urmensch erreichte eine durchschnittliche Körpergröße von 1,78 m.

Unser Gehirn besteht zum großen Teil aus Nervengewebe und um gut zu funktionieren, benötigt es Zucker. Zucker und Fett sind überlebenswichtig für uns. Das ist der Grund, weshalb wir alles Süße und Fettige so unwiderstehlich finden. Um uns für die sprichwörtlichen »sieben mageren Jahre« zu wappnen, die zu Zeiten unserer urmenschlichen Vorfahren nicht selten auftraten, hat die Natur einen äußerst wirkungsvollen Mechanismus entwickelt: Unser Körper kann sich einen Vorrat an Fett zulegen. Dieses System hat sich zwar damals ausgezeichnet bewährt, doch leider ist unser genetisches Muster auch heute noch danach ausgelegt, fett- und zuckerhaltige Nahrung in Körperfett umzusetzen.

Die Natur konnte nicht »wissen«, dass eine Zeit kommen würde, in der die Menschen in einer Welt des Überflusses leben würden. Schlimmer noch, dass wir Zucker sogar raffinieren würden. Heute können wir Zucker löffelweise in uns hineinschaufeln. Dabei ist doch nichts so abstrus wie die Vorstellung, eine komplette Zuckerrübe in sich hineinzustopfen!

Und dann kam die Landwirtschaft

Vor ungefähr 7 000 Jahren entdeckte der Mensch die Landwirtschaft und der Jäger trat den Rückzug an. Die frühen Ackerbauern begannen, sich die Natur nach den eigenen Bedürfnissen einzurichten, bestimmte Pflanzen anzubauen und Tiere zu züchten. Dadurch verfügten sie zwar über größere Vorräte, aber gleichzeitig verringerte sich die Vielfalt der ihnen zur Verfügung stehenden Lebensmittel. Die Landwirtschaft führte zwar zu einem Bevölkerungswachstum, die allgemeine Gesundheit verbesserte sie allerdings nicht. Im Gegenteil: Bei den Ackerbauern kam deutlich weniger abwechslungsreiches Essen auf den Tisch als bei den Jägern und Sammlern, Infolgedessen litten sie unter einer schwächeren Konstitution und waren infektanfälliger, nicht zuletzt auch durch das Zusammenleben mit Tieren. Dass der Ackerbauer im Vergleich zum Jäger und Sammler weniger gesund lebte, lässt sich auch aus der Tatsache ableiten, dass er nicht dessen Körpergröße erreichte.

Die landwirtschaftliche Lebensweise verlagerte sich mehr und mehr auf einen hohen Verzehr von Kohlenhydraten und gesättigten Fettsäuren in Form von Milchprodukten und Fleisch aus der Nutztierhaltung. Im Zuge der industriellen Revolution begann man zudem, stets mehr kohlenhydrathaltige Nahrungsmittel zu raffinieren, das heißt, industriell zu verarbeiten, sodass sie in konzentrierter Form verzehrt werden konnten, als sogenannte »schnelle« Kohlenhydrate. Krankheiten, die in früherer Zeit nur selten auftraten, wurden häufiger. In Sachen Gesundheit versetzte die industrielle Revolution dem Menschen den letzten, vernichtenden Schlag: Verdauungsprobleme, Diabetes, Herzerkrankungen, Krebs und Fettleibigkeit – in der heutigen Zeit sind dies die häufigsten Todesursachen.

»Jeder Tierarzt kann Ihnen sagen, womit man ein Schwein am schnellsten fett mästet: mit Weizen, Mais und Zucker«, so der Endokrinologe David Ludwig.

Leben Sie wie ein moderner Jäger und Sammler.

Am verstärkten Auftreten von Übergewicht, Diabetes und Herzerkrankungen sind hauptsächlich die raffinierten Kohlenhydrate (und hier insbesondere die mit einem hohen glykämischen Index) in Verbindung mit zu hohen Mengen gesättigter Fettsäuren und zu wenig Bewegung Schuld. Entgegen aller ärztlichen Empfehlungen essen wir noch mehr stark raffinierte Kohlenhydrate und stets mehr Zucker, in welcher Form auch immer. Offensichtlich dringt die Warnung nicht zu uns durch!

Wer gesund, schlank und auch mit fünfundsiebzig Jahren noch geistig und körperlich fit sein möchte, sollte seine genetischen Voraussetzungen, sollte sich selbst respektieren. Essen Sie naturbelassene Lebensmittel, achten Sie auf eine abwechslungsreiche Ernährung und ausreichend Bewegung. Essen Sie wie ein moderner Jäger und Sammler, also unter anderem. viel Gemüse, Nüsse, Kerne, Obst, Fisch, etwas Fleisch (siehe Hinweis) und Eier. Schränken Sie den Verzehr von Brot, Nudeln, Kartoffeln und Milchprodukten ein und lassen Sie vor allem die Finger von vorverarbeiteten Pseudolebensmitteln, wie zum Beispiel kohlensäurehaltigen Getränken, Keksen, Kleingebäck, Süßigkeiten, Fertigsaucen und vieles mehr.

HINWEIS

Das Fleisch, das unsere urzeitlichen Vorfahren aßen, war von sehr viel höherer Qualität, weil es von Wildtieren stammte, die viel Bewegung hatten und sich unter anderem von Wildpflanzen ernährten. Dadurch hatte es einen geringeren Fettanteil und enthielt sogar Omega-3-Fettsäuren. Fleisch, das heute über die Theke geht, stammt oft von übergewichtigen Tieren, die noch nie unter freiem Himmel herumlaufen durften und die mit Getreide fett gemästet wurden. Darüber hinaus enthält es nahezu ausschließlich gesättigte Fettsäuren.

Einige Worte über Weizen

Bereits seit ungefähr 10 000 Jahren steht Getreide auf unserem Speiseplan. Allerdings ist das auf die gesamte menschliche Evolution gerechnet ein relativ kurzer Zeitraum. Die Evolution des Menschen begann vor fünf bis sechs Millionen Jahren. Unsere DNA ändert sich allerdings nur sehr langsam, lediglich um rund 0,5 Prozent in einer Million Jahre. Das menschliche Genom befindet sich, so gesehen, also noch immer in der Steinzeit, die vor 2,5 Millionen Jahren begann und vor ungefähr 10 000 Jahren endete. Erst in den letzten 160 000 Jahren dieser evolutionären Entwicklung entstand der moderne Mensch, der Homo sapiens. Genetisch betrachtet sind wir noch immer Urmenschen, doch wir ernähren uns in einer Art und Weise, die nicht mehr dazu passt. Fast niemand wird heute noch gesund alt.

Betrachtet man die Ernährung des Menschen im Laufe seiner Evolution, stellt man fest, dass Getreide ein relativ »junges« Nahrungsmittel ist. Nach Aussage vieler Wissenschaftler haben die meisten Getreidearten auf unseren Organismus eine toxische Wirkung, weil uns die Enzyme fehlen, sie ordentlich zu verdauen. Und so reagieren heute schon viele Menschen sensibel auf das Eiweiß Gluten.

Die generelle Auffassung, dass Getreide eigentlich eine für den Menschen ungeeignete Nahrung ist, stößt unter Wissenschaftlern zwar auf Widerspruch, einig ist man sich allerdings darüber, dass die Art und Weise, wie wir Getreide verarbeiten, Probleme schafft. Seit Beginn der industriellen Revolution werden immer effizientere Mühlen eingesetzt, die die Körner mittlerweile so fein zermahlen, dass nur noch das vorwiegend aus Stärke bestehende Weißmehl übrig bleibt. Spreu und Keime, in denen die meisten Eiweiße, Vitamine, Spurenelemente und Ballaststoffe enthalten sind, werden weggeworfen. Was zurückbleibt, ist das so genannte Weißmehl, leere Kalorien, eine Art verzehrfertige Pampe, die unseren Blutzuckerspiegel aus dem Lot bringt, süchtig und vor allem dick macht.

Seltsamerweise leben wir auch in dem Glauben, dass das Essen von Brot einer vollwertigen Mahlzeit gleichzusetzen sei. In den Mittelmeerländern hingegen isst man Brot zwar zu den Mahlzeiten, jedoch nie als Hauptgericht. In unseren Breitengraden essen wir vergleichsweise sehr viel Brot und dann häufig auch noch solches aus stark verarbeitetem Mehl.

Jeder sollte für sich selbst entscheiden, ob ihm das Essen von Getreideprodukten gut tut oder nicht. Bei mir persönlich liegen selten oder nie klassische Weizenerzeugnisse auf dem Teller. Esse ich sie dann doch einmal, werde ich sofort müde und sie liegen mir wie ein Stein im Magen. Sie rauben mir meine Energie, anstatt sie mir zu geben. Darüber hinaus lassen sie mich mit einem unstillbaren Hungergefühl zurück, denn sie sättigen mich nicht und mein Verlangen nach Essen wird nicht gestillt. Und es führt auch zu Verdauungsproblemen.

Wer dennoch nicht auf Getreide verzichten möchte, sorgt am besten für Abwechslung. Denn herkömmlicher Weizen unterliegt nach der Aussaat einer Vielzahl von Behandlungsmethoden: Die Pflanzen werden mit wachstumsregulierenden Substanzen und Insektiziden gespritzt, und die reifen Körner durchlaufen die Industriemühlen im Schnelldurchgang. Anschließend wird das Mehl mit chemischen Konservierungsstoffen durchsetzt. Alle diese Substanzen belasten den menschlichen Körper und können Allergien auslösen.

Andere Getreidesorten, wie zum Beispiel Roggen, Gerste und Hafer, sind weniger hochgezüchtet und werden häufig noch nach traditionellen Verfahren verarbeitet, die weniger allergische Reaktionen auslösen. Oder nehmen Sie alte Getreidesorten, wie beispielsweise Kamut und Dinkel, diese sind nährstoffreicher und verursachen weniger häufig Unverträglichkeiten. Auch Buchweizen und Quinoa sind zu empfehlen, weil diese gar nicht zu den Getreidearten zählen und somit auch kein Gluten enthalten. Wer sich dennoch für den klassischen Weizen entscheidet, sollte zumindest Brot aus steingemahlenem Mehl kaufen. Je schwerer das Brot, desto wahrscheinlicher enthält es das volle Korn und eventuell sogar Zusätze wie Kerne oder Nüsse.

Über Kartoffeln, Reis und Co.

Für viele Menschen sind Reis oder Kartoffeln die Eckpfeiler ihrer Ernährung. Wahrscheinlich wurde Reis von den frühen Ackerbauern sogar noch vor dem Weizen angebaut, die Kartoffel hingegen ist eine relativ junge Ergänzung unseres Speiseplans. Erst seit rund 350 Jahren isst der Mensch Kartoffeln. Im Grunde geht es auch gar nicht um die eine Kartoffel oder die Handvoll Reis, es geht vielmehr um morgens, mittags und abends Brot, Kartoffeln, Pommes frites, Nudeln, Zucker und zwischendurch Kekse, Reiswaffeln usw.. Ein eindeutiges Zuviel an Kohlenhydraten und dann auch noch von der schlechtesten Qualität. Es sind die schnellen Kohlenhydrate, die den Blutzuckerspiegel kurzfristig in die Höhe jagen und dann wieder abstürzen lassen. Und genau diese extremen Schwankungen sind so ungesund.

Rein für sich genommen ist nichts in der Natur wirklich schlecht für uns, auch Kohlenhydrate und Fette nicht. Probleme entstehen erst, wenn wir von einem bestimmten Lebensmittel zu viel essen und dazu noch in industriell verarbeiteter Form, und wenn der Körper durch Bewegungsmangel die aufgenommene Energie nicht verbraucht.

Wer meiner Ernährungsmethode folgt, isst automatisch weniger Kohlenhydrate, weil diese nicht mit Fisch oder Fleisch kombiniert werden dürfen. Und wer trotz alledem Kohlenhydrate essen möchte, sollte sie mit Gemüse kombinieren. Dadurch nimmt man Ballaststoffe auf, die dafür sorgen, dass die Kohlenhydrate weniger schnell verdaut werden und den Blutzuckerspiegel auf diese Weise nicht so stark beeinflussen. Zudem fördern Ballaststoffe das Sättigungsgefühl. Wer sich gut fühlen will, sollte starke Schwankungen seines Blutzuckerspiegels vermeiden.

Kohlenhydrate sind ein guter Energiespender. Das stimmt zwar, aber man darf nicht vergessen, dass auch Obst und Gemüse Kohlenhydrate enthalten. Ich esse selten Brot, Kartoffeln, Reis oder Nudeln, denn ich gewinne ausreichend Kohlenhydrate aus meinem Obstfrühstück, dem ich auch Kerne hinzufüge, sowie aus meinen täglich variierenden Gemüsegerichten. Ich kann Ihnen versichern: Ich habe jede Menge Energie.

Essen Sie Kartoffeln, Brot und Reis also nur in Maßen und kombinieren Sie diese mit Gemüse. Verabschieden Sie sich von dem klassischen Trio: Fleisch oder Fisch mit Gemüse und Kartoffeln.

Servieren Sie die Kartoffeln lieber in einer gesonderten Mahlzeit zusammen mit Gemüse. Dass zu einem Hauptgericht immer auch Kartoffeln gereicht werden, macht man aus Gewohnheit, das heißt aber nicht, dass es eine gute ist. Zu Anfang werden Sie sich sicherlich umgewöhnen müssen, aber wenn Sie erst einmal weniger Kohlenhydrate essen, werden Sie den Unterschied schnell spüren. Sie werden mehr Energie haben und sich auch weniger aufgebläht fühlen.

Gesundheit und Genuss
bilden eine harmonische Einheit.

Essen ist auch pure Romantik

Die Sehnsucht nach dem Sommer …

»Ein Maientag im März.« In jedem Frühjahr gibt es irgendwann so einen Tag im März, an dem uns die erste Frühlingssonne den Winter aus den Knochen treibt. Übrigens heißt so auch ein Gedicht, dass ich noch in der Schule gelernt habe, von dem ich allerdings nur noch den Titel weiß und dessen Verfasser schon lange keiner mehr kennt. Und doch warte ich Jahr für Jahr wieder auf die erste, wärmende Sonne, auf diesen Maientag im März.

Jeder neue Frühling belebt mich und ich richte den Blick auf das, was noch kommen wird. Die ersten Knospen, frisches, junges Grün, erste zarte Blätter, Kätzchen am Haselnussstrauch, kurze Kleider, fröhliche Menschen, kulinarische Köstlichkeiten im Garten, Grillfeste, Picknicken auf der Heide oder am Strand.

Im Frühling mache ich Pläne, denke mir sommerliche Gerichte aus, rufe Freundinnen und Freunde an und entwerfe verspielte Einladungen. Ich plane vertraute Dinner zu zweit oder gesellige Tafelrunden mit ausgewählten Freunden, aber ich fange auch schon mit den Vorbereitungen für ein großes Sommerfest an, zu dem ich alle, die mir lieb und teuer sind, einladen werde. Ich denke schon jetzt an die kurze Mittsommernacht ohne Schlaf, aber mit langen Gesprächen, kühlem Weißwein oder Rosé aus der Provence, mit einem Fisch auf dem Grill oder einem Biohuhn am Spieß.

All diese Gefühle und all diese Kreativität möchte ich mit den Lesern dieses Buches teilen. Jede Seite, jeder Satz, jedes Foto und jedes Rezept soll dieselbe Atmosphäre von verspielter Leichtigkeit hervorrufen. Sonnenstrahlen, die sich funkelnd in einem Weinglas brechen, Blumen auf einem makellosen Tischtuch, farbenfrohe Teller und frisch zubereitete, sommerlich-leichte Gerichte aus Zutaten, die aus dem eigenen Garten oder frisch vom Gemüsemarkt kommen.

Pur genießen, das ist die Essenz des Lebens, des neuen Lebens, das von der Sonne wach gekitzelt wird. Und das beginnt alle Jahre wieder mit diesem außergewöhnlichen »Maientag im März«.

Meine Rezepte

Praktisches

MENGENANGABEN

Die Angaben von Mengen finde ich bei der Rezepterstellung mit am schwierigsten, weil Portionsgrößen von Person zu Person variieren können. Ich habe mir Mühe gegeben, in meinen Angaben so deutlich wie möglich zu sein. Was ich sehr wichtig finde: Niemand soll hungrig vom Tisch aufstehen. Ich zähle keine Kalorien. Das ist heutzutage eine überholte Methode, denn jeder Mensch verstoffwechselt Nahrung in seinem individuellen Tempo: der eine schneller, der andere langsamer. In meinem Buch wird deutlich, dass es nicht nur darum geht, was man isst, sondern auch darum, welche Lebensmittel man kombiniert. Denn auch das hat Einfluss auf den Stoffwechsel. Ich bekomme oft zu hören: »Das ist aber zu wenig für meinen Mann.« Männer haben tatsächlich einen höheren Bedarf, weil sie in der Regel schwerer und häufig auch aktiver sind. Ich rate dann, die Mengen den eigenen Bedürfnissen entsprechend anzupassen, dabei aber so weit wie möglich die geeigneten Kombinationen zu berücksichtigen und natürlich nicht zu übertreiben.

REZEPTE FÜR ZWEI PERSONEN

Ich habe mich dafür entschieden, alle Rezepte für zwei Personen zu berechnen (es sei denn, es steht ausdrücklich anders im Rezept). So lassen sich die Mengen sehr einfach auf mehrere Esser umrechnen. Übrigens leitet sich die Gewohnheit, Rezepte für vier Personen zu konzipieren, aus einem gesellschaftlichen Auslaufmodell ab: der klassischen Familie mit zwei Kindern.

FINGERFOOD, VORSPEISE ODER HAUPTGERICHT?

Die traditionellen Einteilungen widerstreben mir, vor allem deshalb, weil üblicherweise zu Hauptgerichten auch immer Kartoffeln gereicht werden. Das gibt es bei mir nicht. Für mich ist die Sache ganz einfach: Eine kleine Portion ist eine Vorspeise, eine noch kleinere gilt als Fingerfood (Häppchen) und eine große Portion ist ein Hauptgericht.

OLIVENÖL, SALZ UND PFEFFER

Ich verwende in so gut wie allen Rezepten Olivenöl, Fleur de Sel und schwarzen Pfeffer (falls nicht anders angegeben). Das sind für mich Basiszutaten, die man immer im Haus haben sollte.

Tomatenvinaigrette
Mojo Verde

Mojo Rojo

Echte Mayonnaise

Tomatenvinaigrette

Delikate Vinaigrette, die zu allem passt

1 reife Tomate
Olivenöl
Aceto balsamico
Fleur de Sel
Pfeffer aus der Mühle

Die Tomaten waschen, vierteln und dabei die Stielansätze entfernen. Die Tomatenviertel durch ein Sieb drücken bzw. reiben, sodass eine dickflüssige Sauce entsteht. Reichlich Olivenöl und Aceto balsamico dazugießen. Mit Fleur de Sel und Pfeffer würzen.

Diese Vinaigrette ist einfach herzustellen und passt zu allen Gerichten, ganz besonders gut zu rohem Fisch. Für diese Sauce bekomme ich die meisten Komplimente, weil sie so schlicht und aromatisch ist.

Variationen

Den Aceto balsamico durch Limetten- oder Zitronensaft ersetzen und etwas Sojasauce hinzufügen.

Mojo Verde

Ausgezeichnet zu Fisch und Gemüse

2 große Bund Koriander
1 Knoblauchzehe (geschält)
Olivenöl
Balsamico bianco
Fleur de Sel
Pfeffer aus der Mühle

Den Koriander waschen und mit den übrigen Zutaten im Mixer zu einer Sauce verarbeiten. Mit Fleur de Sel und Pfeffer abschmecken.

Variationen

Ich liebe Koriander, aber man kann auch Basilikum oder Petersilie verwenden. Allerdings schmeckt die Sauce meiner Ansicht nach am besten mit Koriander. Um die dickflüssige Konsistenz dieser Vinaigrette zu erhalten, benötigt man ziemlich viele frische Kräuter, seien Sie also nicht zu sparsam.

Mojo Rojo

Eine pikante Sauce

1 Chilischote (getrocknet)
1 rote Paprikaschote (in Stücken)
1 Handvoll Pinienkerne
1 Knoblauchzehe (geschält)
Balsamico bianco
Olivenöl
Salz
Pfeffer aus der Mühle

Die Chilischote halbieren und 1 Stunde in Wasser einweichen.
Sämtliche Zutaten zu einer dickflüssigen Sauce pürieren. Mit Salz und Pfeffer abschmecken.

Variationen

Ich verwende in der Regel ein Viertel der Chilischote. Fügen Sie der Sauce bei der Verarbeitung erst nur kleine Stückchen hinzu und schmecken Sie immer wieder ab, bis zur gewünschten Schärfe. Wer es lieber mild mag, kann die Chilischote auch ganz weglassen. Allerdings ist sie es, die der Sauce die kräftig rote Farbe verleiht.

Echte Mayonnaise

Mayonnaise selbst machen ist kinderleicht

2 Eier
ca. 1 EL Senf
Olivenöl Extra Vergine
Zitronensaft
Fleur de Sel
Pfeffer aus der Mühle

Die Eier trennen. Die Eigelbe in den Küchenmixer geben. Den Senf und Olivenöl hinzufügen. Kurz mixen. Während der Mixer weiterläuft, Olivenöl in einem stetigen Strahl bis zur gewünschten Menge dazugießen. Mit Zitronensaft, Senf, Fleur de Sel und Pfeffer abschmecken. Sollte die Mayonnaise zu dickflüssig werden, mit etwas Wasser verdünnen.
Es ist wichtig, der Mischung gleich zu Anfang den Senf beizugeben, denn vor allem dieser bindet die Mayonnaise.

Variationen

Für einen nussigen Geschmack kann man statt Olivenöl auch Walnuss- oder Haselnussöl verwenden. Oder man verwendet mit Basilikum oder Rosmarin aromatisiertes Olivenöl. Die wichtigste Grundregel ist: Für die Herstellung von Mayonnaise nur hochwertigste Öle (Extra Vergine) verwenden.

Ein Sommer voll Gemüse

In diesem Kapitel finden Sie Tipps und Ideen für die Zubereitung von Gemüse. Für Partys wähle ich mir immer einige leicht zuzubereitende Gemüsepfannen aus, insbesondere solche, die im Ofen garen können – die machen am wenigsten Arbeit. Wenn dann die Gäste eintreffen, muss ich mich nur noch der Zubereitung von Fisch oder Fleisch widmen. Ich stelle immer alle Gerichte zugleich in schönen Schüsseln auf den Tisch und jeder nimmt sich, wonach ihm der Sinn steht. Das schafft eine entspannte, ungezwungene Atmosphäre und vor allem eine glückliche Gastgeberin, die nicht an die Küche gefesselt ist, sondern mit am Tisch sitzen kann.

Gurkenbecher mit Gazpacho

ARBEITSZEIT: 20 MINUTEN

FÜR 8 GURKENBECHER (SIEHE TIPP)

2 dicke Salatgurken (für die Becher)
400 g Tomaten
1 rote Paprikaschote
1 grüne Paprikaschote
1 Stange Staudensellerie
1 Zwiebel
1 Knoblauchzehe
ca. 10 EL Olivenöl
ca. 5 EL Balsamico bianco
Salz
Pfeffer aus der Mühle

Die Salatgurken in etwa 6 cm lange Stücke schneiden. Zum Verzieren von den Stücken hier und da etwas Schale abschälen. Mit einem Teelöffel die Stücke aushöhlen, dabei einen Boden von 1 cm stehen lassen. Die Gurkenkerne nicht wegwerfen, sondern in der Gazpachomischung verarbeiten. Die Tomaten überbrühen, abschrecken und häuten, dabei die Stielansätze entfernen. In grobe Stücke schneiden. Die Paprikaschoten entkernen und waschen, einige kleine Stücke für die Garnitur abschneiden und beiseitelegen. Die restlichen Paprikaschoten in große Stücke schneiden. Auch Selleriestange, Zwiebel und Knoblauch waschen bzw. schälen und klein schneiden. Alles mit den Gurkenresten im Küchenmixer zu einer glatten, dickflüssigen Suppe verarbeiten. Olivenöl und Aceto balsamico daruntermixen. Kräftig mit Salz und Pfeffer abschmecken. Gegebenenfalls die Suppe durch ein Sieb streichen, um grobe Gemüsereste zu entfernen. Bis zur weiteren Verarbeitung in den Kühlschrank stellen. In jeden Gurkenbecher etwas Gazpacho gießen und mit den Paprikastücken garnieren.

Mein Tipp:

Gazpacho ist eine spanische Gemüsesuppe, die kalt serviert wird. Am bekanntesten ist die Gazpacho auf einer Tomatenbasis, aber es gibt auch viele andere Variationen, beispielsweise mit Knoblauch oder Brot. Ursprünglich handelte es sich hierbei um ein Gericht, mit dem hauptsächlich Hirten und Bauern während der Arbeit ihren Hunger und Durst stillten. Mittlerweile ist diese Suppe zu einer in ganz Andalusien beliebten Vorspeise geworden.

Für die Gurkenbecher benötigt man nur wenig Gazpacho. Das Gericht ist also eher ein Fingerfood. Das Rezept enthält allerdings Mengenangaben für eine Suppe für mindestens vier Personen.

Gazpacho stillt
den Hunger, löscht
den Durst und
ist ein kühler Snack.

Kräutersalat

ARBEITSZEIT: 10 MINUTEN

Eine Auswahl frischer Kräuter (siehe Tipp)
Tomatenvinaigrette (siehe S. 36)
Fleur de Sel
Pfeffer aus der Mühle

Die Kräuter waschen und trocken schleudern, die Blätter abzupfen bzw. klein schneiden. In eine Schüssel geben. Die Vinaigrette erst kurz vor dem Servieren unter die Mischung heben, damit die Kräuter nicht welk werden. Die frischen Kräuter mit ein wenig Fleur de Sel und reichlich Pfeffer abschmecken. Übrigens gilt für jeden Salat: Der Eigengeschmack wird durch Salz und Pfeffer deutlich hervorgehoben.

Mein Tipp:

Verwenden Sie alle Ihre Lieblingskräuter, z.B. Petersilie, Dill, Schnittlauch, Koriander, Basilikum usw.. Vielleicht können Sie sich hierfür ja sogar aus dem eigenen Kräutergärtchen bedienen.

Mein Kräutersalat ist bei unseren Grillfesten immer der Renner.

Kalte Avocado-Spinat-Suppe

ARBEITSZEIT: 10 MINUTEN

1 Knoblauchzehe
Olivenöl
300 g frischer Blattspinat (gewaschen)
2 reife Avocados
Saft von 1 Zitrone
Fleur de Sel
Pfeffer aus der Mühle
1 Frühlingszwiebel (in Ringen) und Dill zum Garnieren

Den Knoblauch schälen, fein schneiden und in einem großen Topf mit etwas Olivenöl anschwitzen. Den Blattspinat hinzugeben und kurz mitdünsten, bis er die Hälfte seines Volumens verloren hat. Die Avocados schälen. Das Fruchtfleisch in den Küchenmixer geben. Sofort den Zitronensaft dazugießen, damit die Masse nicht braun wird. Den Spinat und 1 kräftigen Schuss Wasser hinzugeben. Alles noch einmal gut pürieren und dabei so lange Wasser zugießen, bis eine dickflüssige Suppe entsteht. Mit Fleur de Sel und Pfeffer abschmecken, in tiefe Teller geben und mit Frühlingszwiebeln und Dill garnieren.

Mein Tipp:

Es ist wichtig, nur reife Avocados zu verwenden, die sich beim Kauf weich anfühlen. Das Fett von Avocados ist gesund, weil es mehrfach ungesättigte Fettsäuren enthält, die den Cholesteringehalt nicht erhöhen. Darüber hinaus ist die Frucht reich an sekundären Pflanzenstoffen, die sich ebenfalls positiv auf den Cholesterinspiegel auswirken und vor verschiedenen Krebsarten schützen sollen. Auch hat die Avocado viele Vitamine und Spurenelemente. Kurz: Es handelt sich um eine ausgesprochen nährstoffreiche Frucht!

Ein äußerst erfrischendes Schönheitssüppchen.

Der leckerste Tomatensalat der Welt

ARBEITSZEIT: 15 MINUTEN

2 reife Tomaten
10 Cocktailtomaten
5 getrocknete Tomaten (in Öl eingelegt)
1 rote Zwiebel
Salz
Pfeffer aus der Mühle
Aceto balsamico
Olivenöl

Die Tomaten waschen und in grobe Stücke schneiden. Die Stielansätze entfernen. Die Cocktailtomaten waschen und halbieren, die getrockneten Tomaten in kleinere Stücke schneiden. Die Zwiebel schälen und in dünne Ringe schneiden. Alles in eine Schüssel geben. Mit Salz und Pfeffer abschmecken.
Nun kommt der Trick: Mit den Händen die Feuchtigkeit aus den Zutaten drücken, bis sich alle Geschmäcke gut vermischt haben und die einzelnen Stücke weich geworden sind.
Anschließend mit reichlich Aceto balsamico und Olivenöl übergießen.

Mein Tipp:

So werden nicht nur die Gemüsestücke weich, sondern man erhält nebenbei auch automatisch eine köstliche Vinaigrette. Diese Zubereitungsmethode ist auch eine Form des Garens, die gelegentlich in der Makrobiotik Anwendung findet. Sie müssen es einmal ausprobieren, um zu erleben, wie lecker das schmeckt. Versuchen Sie es, es macht übrigens auch einfach Spaß!
Es ist wichtig, wirklich reife Tomaten auszuwählen, die bei leichtem Druck weich nachgeben und tiefrot sind.

Den überwältigenden Geschmack von Tomaten genießen …

Herrliche Gemüsepfanne

ARBEITSZEIT: 15 MINUTEN – GARZEIT: 25 BIS 40 MINUTEN

MENGEN JEWEILS NACH GESCHMACK

Zucchini
Paprika in unterschiedlichen Farben
Fenchel
1 rote Zwiebel
1 junge Knoblauchknolle
Olivenöl
Salz
Pfeffer aus der Mühle
Rosmarin
Thymian
Cocktailtomaten

Den Backofen auf 180°C vorheizen.
Alle Gemüse putzen und waschen bzw. schälen. Zucchini und Paprika in nicht zu kleine Stücke schneiden. Den Fenchel in dünne Scheiben schneiden. Die Zwiebel vierteln und die Schichten einzeln abschälen. Die Knoblauchknolle im Ganzen quer halbieren. Die Gemüsesorten in eine mit Olivenöl gefettete Ofenform geben, kräftig salzen und pfeffern und einige Zweige Rosmarin und Thymian dazu legen. Gut durchmischen. Abschließend die Tomaten und die Knoblauchhälften auflegen. Auch diese mit reichlich Olivenöl beträufeln. Im Ofen garen.

Mein Tipp:

Bissfest oder lieber weich? Soll das Gemüse noch etwas Biss haben, reicht eine Garzeit von 25 Minuten, wenn es nicht zugedeckt wird. Wer das Gemüse gut durchgegart bevorzugt, kann die Ofenform mit einem Deckel oder Aluminiumfolie abdecken und lässt sie bei gleicher Temperatur etwa 40 Minuten im Ofen.

Ideal zur Grillparty: kaum Arbeit und dennoch jede Menge Gemüse.

Quinoa mit Cocktail-tomaten, frischen Kräutern und Nüssen

ARBEITSZEIT: 15 MINUTEN – GARZEIT: 15 MINUTEN

1 Tasse Quinoa
Olivenöl (oder Walnussöl)
3 Knoblauchzehen
15 Cocktailtomaten
2 Frühlingszwiebeln
15 schwarze Oliven (ohne Stein)
1 Handvoll frische Kräuter (Blattpetersilie, Basilikum, Schnittlauch usw.)
1 Handvoll Pistazien (oder eine Nussmischung)
Sojasauce
Fleur de Sel
Pfeffer aus der Mühle

Einer meiner Lieblingssalate, schnell und einfach köstlich!

Die Quinoa gründlich unter fließendem Wasser spülen und in einen Topf geben. Mit 2 Tassen Wasser sowie 1 Schuss Olivenöl auffüllen und den Knoblauch dazugeben. Auf kleiner Flamme gar köcheln lassen.
Unterdessen die Cocktailtomaten waschen und halbieren. Die Frühlingszwiebeln putzen, waschen und ebenso wie die Oliven in Ringe schneiden. Die Kräuter waschen und trocken schütteln, die Blätter abzupfen und fein hacken.
Alle Zutaten zusammen mit den Pistazien in einer großen Schüssel gut durchmischen, einschließlich Knoblauchzehen. Reichlich Olivenöl und 1 kleinen Schuss Sojasauce dazugeben. Mit 1 Prise Fleur de Sel und reichlich Pfeffer abschmecken.

Mein Tipp:

Quinoa ist eine Urpflanze aus Südamerika. Das Gewächs wird hauptsächlich auf den Hochebenen der Anden von den indianischen Ureinwohnern angebaut. Es ist ein so genanntes »Pseudo-Getreide«, dessen Körner kein Gluten enthalten, dafür reich an Eiweißen und essenziellen Aminosäuren sind. Also eine ideale Kost für Vegetarier.
Quinoa vergrößert sein Volumen während des Kochvorgangs auf das Dreifache. Verwenden Sie zwei Teile Wasser auf einen Teil getrocknete Quinoa (das Kochwasser nicht abgießen). Die Kochzeit beträgt etwa 12 Minuten. Anschließend noch eine Weile stehen lassen, die Quinoa quillt dann noch etwas nach.

Drei Auberginen-variationen

ARBEITSZEIT: 20 MINUTEN – GARZEIT: 1 STUNDE

FÜR 6 PERSONEN, PRO PERSON ½ AUBERGINE

3 große Auberginen (gewaschen)
6 Knoblauchzehen
1 große Tomate
einige Stiele Blatt-petersilie (gewaschen)
Olivenöl
Limettensaft
Kurkuma
Salz
Pfeffer aus der Mühle
3 kleine Tomaten

Perfekt für ein Sommerfest: herzhaft, mediterran und sieht schön aus.

AUBERGINE MIT KNOBLAUCH
Den Backofen auf 180°C vorheizen. Fünf Knoblauchzehen schälen und in dünne Stifte schneiden. Mit einem Messer kleine Dreiecke aus der Schale einer Aubergine schneiden und mit den Knoblauchstiften »spicken« (wie beim Spicken eines Lammrückens).
Die Aubergine in eine Auflaufform legen und etwa 60 Minuten im Ofen garen.

GEFÜLLTE AUBERGINE
Inzwischen die zweite Aubergine zubereiten. Diese halbieren und das weiße Fruchtfleisch herauslöffeln, dabei bis zur Schale etwa ½ cm Rand lassen. Das Fruchtfleisch fein würfeln und in eine Schüssel geben. Die große Tomate waschen, halbieren und entkernen. Den Stielansatz entfernen. Das Fruchtfleisch klein würfeln. Auch die Petersilie und die restliche Knoblauchzehe fein hacken und alles zusammen in die Schüssel geben. Mit reichlich Olivenöl und 1 kleinen Schuss Limettensaft vermischen. Mit Kurkuma, Salz und Pfeffer abschmecken. Die Aubergine mit der Mischung befüllen und mit halbierten Cocktailtomaten garnieren. Zu der anderen Aubergine in den Ofen schieben (35 Minuten).

KREUZWEISE EINGESCHNITTENE AUBERGINENHÄLFTEN
Die letzte Aubergine halbieren und in das Fruchtfleisch kreuzweise tiefe Schnitte setzen. Dabei nicht durch die Schale schneiden! Die Schnittflächen und Einschnitte mit Olivenöl beträufeln. Mit Salz und Pfeffer abschmecken. Zu den anderen Auberginen in den Ofen schieben (25 Minuten).

Ofengebackener Fenchel mit Cocktailtomaten

ARBEITSZEIT: 10 MINUTEN – GARZEIT: 40 MINUTEN

2 Fenchelknollen
Olivenöl
Salz
Pfeffer aus der Mühle
15 Cocktailtomaten
Thymian (getrocknet und frisch)

Den Backofen auf 180 °C vorheizen.
Die Fenchelknollen putzen und waschen. Das Grün abschneiden (das verbrennt im Ofen), aber für später aufbewahren. 1/2 cm vom Stielansatz abschneiden. Die äußersten Blätter abschälen, wenn sie beschädigt oder verschmutzt sind.
Die Knollen der Länge nach in etwa 1 cm dicke Scheiben schneiden. Der Stielansatz darf bleiben, der hält die Blätter zusammen. Mit reichlich Olivenöl bestreichen und in einer ofenfesten Schale verteilen. Mit Salz und Pfeffer würzen und im Ofen etwa 40 Minuten garen.
Die Cocktailtomaten waschen, halbieren und mit den Schnittkanten nach oben dicht nebeneinander auf einen Teller legen. Mit reichlich getrocknetem Thymian und etwas Salz und Pfeffer würzen. Anschließend im dünnen Strahl mit Olivenöl beträufeln, dabei auch den Thymian benetzen.
Für die restlichen 15 Minuten der Garzeit die Cocktailtomaten zwischen den Fenchelscheiben verteilen.
Mit frischem Thymian und etwas Fenchelgrün garnieren.

Mein Tipp:
Dieses Gericht passt perfekt zu gegrilltem Fisch, eignet sich aber auch als Gemüsegang bei einem festlichen Mahl.

Viele Grüße aus dem Süden – unkompliziert und leicht.

Kartoffelsalat mit Flageolet-Bohnen, Oliven und Avocado

ARBEITSZEIT: 15 MINUTEN – GARZEIT: 15 MINUTEN

4 festkochende Kartoffeln
Salz
200 g frische Flageolet-Bohnen (oder Erbsen)
1 weiße Zwiebel (leicht süßlich, mild)
Blattpetersilie
1 reife Avocado
1 Handvoll Oliven
Olivenöl
Fleur de Sel
Pfeffer aus der Mühle

Die ungeschälten Kartoffeln in leicht gesalzenem Wasser gar kochen. Nicht zu lange kochen lassen, rund 15 Minuten, damit sie noch etwas Biss haben. Die Flageolet-Bohnen (bzw. die Erbsen) in leicht gesalzenem Wasser 15 Minuten gar kochen.
Die Zwiebel schälen und in dünne Ringe schneiden, die Petersilie waschen und trocken schütteln, die Blätter abzupfen und fein hacken.
Die Avocado halbieren, schälen und entsteinen, das Fruchtfleisch in Stücke schneiden.
Alle Zutaten vorsichtig in einer großen, schönen Schüssel mischen, dabei die Oliven nicht vergessen. Gewürzt wird lediglich mit 1 kräftigen Schuss hochwertigen Olivenöls, Fleur de Sel und Pfeffer.

Mein Tipp:

Die französische Bohnensorte »Flageolet« ähnelt weißen Bohnen, ist aber weniger mehlig und behält beim Kochen ihren Biss. Sie gehört zur Familie der Gartenbohnen. In Deutschland gibt es sie bereits verzehrfertig in der Dose, dann haben sie allerdings weniger Aroma. Ersetzen Sie sie in diesem Fall ruhig mit frischen Erbsen. Die Zubereitung beider Hülsenfrüchtarten ist identisch: Sie werden gekocht.

Ein Gericht voll mit gesunden Kohlenhydraten.

So entkernen Sie Avocados am einfachsten:

Die Avocado halbieren und die Hälfte, die den Kern enthält, in die Handfläche legen. Dann mit gezieltem Schwung eine scharfe Messerklinge in den Kern schlagen (wie ein Fleischer, der Knochen zerteilt, aber Vorsicht mit den Fingern!). Das Messer steckt jetzt im Kern fest. Mit einer Drehbewegung des Messers den Kern aus der Avocadohälfte lösen.

Salat aus Zucchini-Julienne mit Hiziki

ARBEITSZEIT: 20 MINUTEN – GARZEIT: 15 MINUTEN

1 Handvoll getrocknete Hiziki (Algen)
1 Zucchino
Walnussöl
Saft von 1 Limette
Salz
Pfeffer aus der Mühle
2 Tomaten
1 Frühlingszwiebel
Olivenöl
Sojasauce
Tomatensaft
Walnusskerne

Ein asiatisch inspirierter Salat mit exotischen Algen.

Die Hiziki-Algen (siehe Tipp) unter fließendem Wasser gründlich waschen und dann in kaltem Wasser 10 Minuten einweichen. Den Zucchino gründlich waschen. Mit einem Julienne-Sparschäler dünne »Spaghetti« abschälen. Dabei nur die grüne Schale abschälen, also nicht das weiße Fruchtfleisch, dieses anderweitig verwenden. Die Zucchini-Spaghetti in eine Schüssel geben und mit 1 kräftigen Schuss Walnussöl sowie der Hälfte des Limettensaftes übergießen, salzen und pfeffern. Beiseitestellen. Die Tomaten waschen, vierteln, entkernen und den Saft abtropfen lassen (durch ein Sieb auffangen und später in der Sauce verarbeiten). Das Fruchtfleisch klein würfeln. Die Frühlingszwiebel putzen, waschen, fein hacken und mit den Tomatenwürfeln vermischen. Einen kleinen Schuss Olivenöl angießen. Beiseitestellen.
Die Algen im Einweichwasser 15 Minuten köcheln lassen. Abgießen und unter die Zucchini-Spaghetti mischen. Den aufgefangenen Tomatensaft mit restlichem Limettensaft, 1 kräftigen Schuss Olivenöl und etwas Sojasauce verrühren. Pfeffern und vorsichtig salzen, denn die Sojasauce enthält bereits Salz. Auf jedem Teller eine Portion Zucchini-Spaghetti und Hiziki anrichten, mit der Tomaten-Frühlingszwiebel-Mischung bestreuen und mit Walnüssen garnieren. Die Sauce gesondert servieren.

Mein Tipp:

Dieser Salat schmeckt besonders gut mit Nordseekrabben, die unter die Zucchini-Spaghetti gemischt werden. Hiziki-Algen sind Algen mit einem leicht nussigen Geschmack aus dem asiatischen Raum. Wie die meisten Algen enthalten sie jede Menge Spurenelemente (mehr Eisen als ein Rindersteak) und zehnmal so viel Kalzium wie eine vergleichbare Menge Milch. Sie sind reich an Jod, einem Spurenelement, das vielen Menschen in der westlichen Welt fehlt. Während des Kochens quillt Hiziki etwa auf das fünffache Volumen an, das sollten Sie bei der Wahl des Kochgeschirrs berücksichtigen. Man bekommt die Algen in der Regel in Bioläden.

Auberginen auf marokkanische Art

ARBEITSZEIT: 10 MINUTEN – GARZEIT: 20 MINUTEN – MARINIEREN: 1 NACHT

3 Auberginen
3 große Bund frische Kräuter (Basilikum, Koriander, Blattpetersilie)
2 Knoblauchzehen (geschält)
1 TL Kreuzkümmelsamen
1 TL Ras el-Hanout
Salz
Pfeffer aus der Mühle
Saft von 2 Zitronen
120–150 ml Olivenöl

Die Auberginen in Wasser 15 bis 20 Minuten kochen. Dass die Auberginen an der Wasseroberfläche treiben, ist normal.
Die Kräuter waschen und trocken schütteln. Eine Handvoll frische Kräuter für die Garnitur beiseitestellen. Die restlichen Kräuter in einem Küchenmixer mit Knoblauch, Kreuzkümmel, Ras el-Hanout, Salz und Pfeffer pürieren. Den Zitronensaft sowie das Olivenöl dazugießen. Zu einer würzigen, dickflüssigen Sauce verarbeiten.
Die Auberginen so vierteln, dass die Viertel noch am Stielansatz festsitzen. Das Fruchtfleisch reichlich mit der dickflüssigen Marinade einreiben. Zugedeckt eine Nacht marinieren lassen. Am folgenden Morgen die Auberginen gegebenenfalls noch einmal umdrehen und erneut Sauce auf dem Fruchtfleisch verteilen.
Mit frischen Kräutern servieren und mit 1 Prise Ras el-Hanout garnieren. Schmeckt köstlich zu gegrilltem Hühnchen.

Eine Empfehlung für alle, die Gewürze, Kräuter und Auberginen lieben.

Mein Tipp:

Dieses Gericht wird am besten am Vorabend zubereitet, damit es lange marinieren kann. Die Auberginen mit einigen Blättern Blattsalat und Messer und Gabel servieren.
Ras-el-Hanout ist eine nordafrikanische Gewürzmischung, deren Name als »der Chef des Ladens« verstanden werden kann, da so ziemlich jeder Gewürzladen in Nordafrika seine Hausmischung besitzt. Aber keine Sorge, Sie bekommen Ras-el-Hanout auch im Supermarkt. Wichtigste Bestandteile dieser Gewürzmischung sind Zimt, Ingwer, Koriander, Chili, Muskatnuss und Nelke – durch die Bank meine Lieblingsgewürze! Aroma und Geschmack von Ras-el-Hanout sind so intensiv, dass ich es am liebsten in allen meinen Gerichten verarbeiten würde! Es eignet sich perfekt für Marinaden und passt auch vorzüglich zu Geflügel oder Fisch.

Spaghetti mit grünen Bohnen und Cocktailtomaten

ARBEITSZEIT: 20 MINUTEN – GARZEIT: 15 MINUTEN

1 Handvoll Pinienkerne
20 grüne Bohnen
Salz
150–200 g Spaghetti
20 Cocktailtomaten
2 Bund frisches Basilikum
Olivenöl
Fleur de Sel
Pfeffer aus der Mühle

Lassen Sie sich auf die italienische Art verführen.

Die Pinienkerne bei 180 °C im Ofen etwa 6 Minuten bräunen lassen. Anschließend die Pinienkerne bei ausgeschaltetem Ofen nachrösten lassen.
Die grünen Bohnen putzen, waschen und der Länge nach in dünne »Spaghetti« schneiden. Das geht überraschend einfach: Eine Bohne auf ein Schneidbrett legen und mit der Spitze eines Küchenmessers dünne Streifen abschneiden, pro Bohne etwa zwei bis drei. In Salzwasser gar kochen.
Die Spaghetti nach Packungsanweisung in kochendem Salzwasser bissfest garen.
Unterdessen die Cocktailtomaten waschen, vierteln und mit den gezupften Basilikumblättern vermischen.
Die Bohnen-Spaghetti abgießen und zu der Tomaten-Basilikum-Mischung geben. Einen kräftigen Schuss Olivenöl dazugießen und mit etwas Fleur de Sel und reichlich Pfeffer würzen. Alles gut durchmischen, damit sich die Aromen gut entfalten und ihren verlockenden Duft verströmen können.
Die Spaghetti abgießen und unter die Gemüsemischung heben. Mit den gerösteten Pinienkernen garnieren.

Mein Tipp:

Tauschen Sie die gewohnte Pastasorte einmal gegen eine aus Kamut oder Dinkel. Diese Getreidesorten enthalten mehr Nährstoffe und sind besser verdaulich. Versuchen Sie auch einmal Buchweizennudeln oder glutenfreie Nudeln aus Reismehl – durch die Bank gesündere Alternativen zu den gewohnten Hartweizennudeln.

Sommergemüse aus dem Ofen

ARBEITSZEIT: 20 MINUTEN – GARZEIT: 30 MINUTEN

1 Aubergine
grobes Meersalz
1 Zucchino
2 Tomaten
Salz
Pfeffer aus der Mühle
Kreuzkümmelsamen
frischer Rosmarin
1 Handvoll Pinienkerne
Olivenöl
Aceto balsamico

Optimal für Gäste: ist eine echte Augenweide und schmeckt nach Urlaub.

Um der Aubergine die Feuchtigkeit zu entziehen, geht man wie folgt vor: Die Eierfrucht in dicke Scheiben schneiden, auf beiden Seiten mit grobem Meersalz bestreuen und zwischen Küchenpapier legen. Zum Beschweren beispielsweise Teller darauflegen und gut 10 Minuten ziehen lassen. Anschließend das Salz mit einer Bürste oder zusammengeknülltem Küchenpapier wieder gründlich abwischen.
Den Backofen auf 180°C vorheizen.
Inzwischen Zucchino und Tomaten waschen und in dicke Scheiben schneiden. Nun die Gemüsescheiben in eine ofenfeste Form kreisförmig von außen nach innen übereinanderschichten. Mit etwas Salz (nicht vergessen: die Auberginen sind bereits gesalzen) und reichlich Pfeffer sowie Kreuzkümmelsamen und Rosmarin würzen. Als Garnitur mit Pinienkernen bestreuen.
Abschließend das Gemüse mit Olivenöl und etwas Aceto balsamico beträufeln.
Das Sommergemüse im Ofen etwa 30 Minuten garen. In den letzten 5 Minuten der Garzeit einen ganzen, mit Olivenöl benetzten Rosmarinzweige auflegen.

Mein Tipp:

Wenn man den Auberginen nicht vorher die Feuchtigkeit entzieht, bleiben sie auch nach langer Garzeit noch zäh (es sei denn, man ertränkt sie geradezu in Öl, aber das ist nicht der Sinn der Sache). Grobes Meersalz lässt sich anschließend leichter wieder entfernen (kein normales Tafelsalz verwenden, das zieht komplett in die Frucht ein). Nach 10 bis 15 Minuten das Meersalz sorgfältig abwischen, damit die Auberginen später nicht zu salzig schmecken.

Obst, mein Leben lang

Gebratene Pfirsiche und Erdbeeren mit Rosmarin

ARBEITSZEIT: 10 MINUTEN – GARZEIT: 12 MINUTEN

3 reife Pfirsiche
Olivenöl
1 Rosmarinzweig
20 Erdbeeren

Die Pfirsiche waschen, vierteln und mit 1 Schuss Olivenöl in einem Topf anbraten. Schon jetzt den Rosmarinzweig dazugeben. Mit einem Pfannenwender vorsichtig wenden. Erdbeeren waschen, putzen und nach etwa 7 Minuten hinzufügen (als ganze Früchte; nur halbieren, wenn sie zu groß sind). Den Deckel auflegen und das Obst noch ein paar Minuten garen lassen.
Das Gericht auf Teller verteilen und mit der ausgetretenen, köstlichen Fruchtsauce übergießen.

Mein Tipp:

Es soll kein Mus entstehen, lassen Sie deshalb die Früchte nicht zu lange braten. Damit nichts anbrennt, Olivenöl in ausreichender Menge verwenden. Ideal als kleiner Snack am Mittag oder für zwischendurch, aber auch lecker zum Frühstück.

Eine Sauce zum Fingerablecken: süß, sämig und aromatisch.

Obstsalat mit Kokosmilch und Kernen

ARBEITSZEIT: 15 BIS 20 MINUTEN

gemischte Früchte der Saison
gemischte Beeren (Brombeeren, Himbeeren, Erdbeeren, Johannisbeeren usw.; gewaschen)
Kokosmilch
Kernemischung

Ein Früchtemix, der süchtig macht …

Das Obst je nach Sorte putzen und waschen bzw. schälen. In große Stücke schneiden und auf Teller verteilen. Die Beerenmischung ganz kurz im Mixer pürieren, bis eine dickflüssige Sauce entsteht. Hiervon 2 EL pro Portion über die Oststücke träufeln.
Jeweils mit 2 TL Kokosmilch und 2 EL Kernemischung garnieren.

Mein Tipp:

Im Bioladen alle Lieblingskerne, -nüsse und -samen kaufen, zusammen in ein großes Gefäß geben und gut schütteln. Wer regelmäßig von dieser Kernemischung isst, tut seinem Körper etwas wirklich Gutes. Ich streue sie mir jeden Morgen über mein Obstfrühstück.
Im Handel heißt sie »Kokosmilch«, dabei handelt es sich eigentlich um den Saft und das pürierte Fleisch der Kokosnuss. Vor Gebrauch immer erst gut durchrühren. Kokosnüsse enthalten gesättigte Fettsäuren, hier allerdings in einer gesunden Variante. Auch Kokosfett ist zum Braten oder Frittieren eine sehr gesunde Alternative, die zudem auch noch einen herrlichen Geschmack entfaltet. Versuchen Sie es einfach einmal.
Außerhalb der Saison kaufe ich Beeren immer tiefgekühlt: Das ist nicht nur wesentlich preiswerter, es ist auch durchaus gesund. Tiefkühlobst wird sofort nach der Ernte eingefroren und verliert deshalb kaum Vitamine und Spurenelemente. Der Nachteil ist allerdings, dass die Früchte durch den Gefriervorgang ihre Festigkeit verlieren. Aber ich mache aus der Not eine Tugend und verarbeite sie zur Sauce, die den Obstsalat noch leckerer macht. Die Beeren wirklich nur ganz kurz pürieren, damit sie noch etwas Struktur behalten.

Honigmelone mit Parmaschinken und Trüffelöl

ARBEITSZEIT: 15 MINUTEN

1 Honigmelone
10 Scheiben Parmaschinken
Pfeffer aus der Mühle
1 Handvoll Walnusskerne
Trüffelöl

Die Melone in 10 Halbmonde schneiden, diese schälen und entkernen. Jedes Melonenstück mit 1 Scheibe Schinken umwickeln.
Mit Pfeffer würzen und mit Walnüssen garnieren. Vor dem Servieren mit Trüffelöl beträufeln.

Mein Tipp:

Dieses Gericht basiert auf dem klassischen Rezept »Melone mit Schinken«, doch den speziellen Unterschied machen für mich der schwarze Pfeffer und das Trüffelöl. Aber auch mit einem hochwertigen Olivenöl ist dies ein sensationeller Imbiss.
Grundsätzlich bin ich nicht dafür, Obst in Gerichte einzubinden, weil es sie schwerer verdaulich macht, aber hierbei handelt es sich um eine derart simple Kombination, dass das Problem kaum auftritt.

Das ist eines meiner Lieblingsgerichte. Es erfrischt und spricht alle Sinne an.

Kein echter Sommer ohne köstlich frischen Fisch

- Garnelen in allen Formen und Farben
- Kalte, sommerliche Fischgerichte
- Warme Fischgerichte

Garnelen in allen Formen und Farben

Garnelen auf grobem Meersalz

ARBEITSZEIT: 5 MINUTEN – GARZEIT: 5 MINUTEN

grobes Meersalz
rohe Garnelen
Zitronensaft

Den Backofen auf 200°C vorheizen.
In eine Auflaufform oder einen ofenfesten Topf eine dicke Schicht Meersalz streuen. Die Garnelen darauf anordnen.
Die Garnelen anschließend je nach Größe 4 bis 7 Minuten im Ofen garen. Die Garnelen müssen im Innern noch glasig sein, also nicht durchgegart.
Mit Zitronensaft beträufelt servieren.

Mein Tipp: Garnelen

Für diese Zubereitungsweise eignen sich alle Krustentiere, solange sie roh sind und noch einen Kopf haben: Riesengarnelen, Scampi usw. Fragen Sie bei Ihrem Fischhändler einfach nach frischen Garnelen.

Pur, wie ich es liebe …

Marinierte Scampispieße

ARBEITSZEIT: 20 MINUTEN – GARZEIT: 15 MINUTEN

12 Scampi (Kaisergranat)
Olivenöl
1 Bio-Zitrone
Chilipulver aus der Mühle
Salz
1 Knoblauchzehe
frische Kräuter (Basilikum, Koriander, Dill, Blattpetersilie)
Saft von 1 Zitrone
3 EL Mayonnaise
Pfeffer aus der Mühle

Die Scampi schälen und den Darm entfernen (am Rücken entlang), in eine Schüssel geben und 1 kräftigen Schuss Olivenöl dazugießen. Die Zitrone gründlich waschen. Die Schale über die Scampi raspeln, Zitrone auspressen und etwas Zitronensaft dazugeben. Die Scampi mit etwas Chilipulver aus der Mühle, etwas Salz und der fein gehackten Knoblauchzehe würzen. Gut durchmischen. Die Scampi einzeln auf einen Holzspieß stecken und anschließend alle Spieße zusammen mit der restlichen Marinade in einen Plastikbeutel stecken. Bis zur weiteren Verarbeitung im Kühlschrank aufbewahren.
Für den Dip die frischen Kräuter sehr fein hacken (oder im Mixer zerkleinern) und mit dem Zitronensaft vermischen. Mit der Mayonnaise verrühren und mit reichlich Salz und Pfeffer abschmecken.
Die Scampi 10 bis 15 Minuten im vorgeheizten Ofen bei 180°C garen.

Mein Tipp:

Die Scampi vom Schwanz her der Länge nach aufspießen, aber dabei darauf achten, dass der Spieß vorne nicht herausschaut. Während des Garens schrumpft das Fleisch. Steht der Spieß am Kopfende heraus, lassen sich die Scampi nicht so gut verspeisen.

Ich serviere bei Partys immer Scampispieße – der Erfolg ist garantiert!

Avocado mit Paprika und Scampi

ARBEITSZEIT: 15 MINUTEN – GARZEIT: 5 MINUTEN

Paprikaschoten in unterschiedlichen Farben
1 reife Avocado
Saft von ½ Zitrone
Fleur de Sel
Pfeffer aus der Mühle
6 Scampi
1 Handvoll Blattsalat
Speiseöl (Haselnuss- oder Kräuteröl)

Die Paprikaschoten fein würfeln.
Die Avocado schälen und entsteinen, anschließend das Fruchtfleisch mit einer Gabel zu einer cremigen Masse zerdrücken. Den Zitronensaft und einen Teil der Paprikawürfel dazugeben (die übrigen für die Garnitur beiseitestellen). Mit Fleur de Sel und Pfeffer würzen.
Den Panzer der Scampi bis auf den Schwanz abschälen, den Darm entfernen und die geschälten Scampi kurz in einer Pfanne anbraten. Mit Salz und Pfeffer abschmecken.
Einen Garnier- bzw. Dessertring auf einen Teller setzen und wie folgt einschichten: Unten die Avocadomasse, darüber etwas zerrupften Blattsalat und darauf einige Scampi. Mit Paprikawürfeln und Öl nach Geschmack garnieren.

Mein Tipp:

Auch sehr lecker ist es, wenn man die Paprikawürfel kurz andünstet, bevor man sie unter die Avocadomasse mengt. Das ist zwar etwas mehr Arbeit, aber es lohnt sich. Die Paprikawürfel werden dann weicher und schmecken süßer.
Für dieses Gericht kann man jedes Öl verwenden, auch hochwertiges Olivenöl. Aber Haselnussöl oder mit Basilikum aromatisiertes Olivenöl geben ihm einen besonderen Pfiff.

Eine meiner Lieblingsspeisen, weil sie so einfach ist.

Krabben mit grünen Bohnen und selbst gemachter Mayonnaise

ARBEITSZEIT: 15 MINUTEN – GARZEIT: 7 MINUTEN

300 g grüne Bohnen
Salz
Olivenöl
Pfeffer aus der Mühle
Mayonnaise (siehe S. 37)
Blattsalat
Blattpetersilie
300 g frische Nordsee-krabben

Die grünen Bohnen in leicht gesalzenem Wasser gar kochen. Anschließend das Wasser abgießen, den Topf zurück auf den ausgeschalteten Herd stellen, 1 Schuss Olivenöl hinzugeben und mit Salz und Pfeffer würzen. So kann das Restwasser verdampfen und die Bohnen schmecken hinterher noch besser.
Währenddessen die Mayonnaise zubereiten. Das dauert nur 5 bis 7 Minuten. Also gibt es keinen Grund, es nicht selbst zu tun. Den Blattsalat und die Petersilie waschen und trocken tupfen. Zum Servieren erst ein Salatblatt auf den Teller legen, darauf einige Bohnen verteilen und die Krabben danebenhäufeln. Mit einem großzügigen Löffel der selbstgemachten Mayonnaise und der Petersilie garnieren.

Nichts geht über einen Salat mit Nordsee-krabben: Schlichtheit, die bezaubert.

Mein Tipp:

Keine Angst vor zu viel Kalorien – zu diesem Gericht gehört die selbst gemachte Mayonnaise unbedingt dazu. Lassen Sie sich von der Zubereitung nicht abschrecken, es ist wirklich ganz einfach. Darüber hinaus ist diese Mayonnaise auch viel gesünder, denn sie besteht aus hochwertigen Fetten (Olivenöl Extra Vergine), die gut für den Körper sind. Und ganz abgesehen davon schmeckt sie um Klassen besser!
Sehr gut passen hierzu auch geröstete Pinienkerne. Die finde ich so lecker, dass ich sie am liebsten zu allem essen würde.

Artischocken mit Krabben und gerösteten Pinienkernen

ARBEITSZEIT: 15 MINUTEN – GARZEIT: 20 MINUTEN

10 kleine Artischocken
Olivenöl
Salz
Pfeffer aus der Mühle
1 Handvoll Pinienkerne
1 Bund Blattpetersilie
1 Bund Rucola
200 g Nordseekrabben (geschält)
1 Schuss Zitronensaft

Die Artischocken waschen und putzen (siehe Tipp). Den Boden eines weiten Topfs mit etwa 2 cm Wasser bedecken und 1 kräftigen Schuss Olivenöl sowie Salz und Pfeffer hinzufügen. Die Artischocken in diesem Sud zugedeckt etwa 20 Minuten dünsten. Die Wassermenge regelmäßig überprüfen und gegebenenfalls nachfüllen, denn die Artischocken dürfen nicht komplett ohne Wasser »braten«. Die letzten 5 Minuten der Garzeit den Deckel abnehmen, damit das Wasser verdampfen kann. In einem Vorgang zugleich gebraten, gekocht und gedünstet, verströmen die Artischockenböden ein exquisites Aromenbouquet.
In der Zwischenzeit die Pinienkerne im Ofen bei 180°C etwa 6 Minuten rösten. Die Petersilie waschen, trocken tupfen und die Blätter abzupfen. Den Rucola verlesen, waschen und trocken schütteln. Anschließend alle Zutaten miteinander vermischen und mit reichlich Olivenöl und dem Zitronensaft würzen. Mit Salz und Pfeffer abschmecken.

Artischocken sind ein tolles Gemüse und besonders delikat mit Pinienkernen.

Mein Tipp:

Es gibt sie in unterschiedlichen Sorten. Im Sommer findet man auch kleinere Artischocken, die man fast im Ganzen essen kann, dann ist das Heu noch zart und es schmecken sogar die Stiele. Der in Artischocken enthaltene Bitterstoff Cynarin fördert die Gallen- und Leberfunktion und unterstützt dadurch den Fettstoffwechsel. Ganz abgesehen davon sind Artischocken einfach sehr lecker! Artischocken vorbereiten, vor allem kleine, ist wirklich keine Zauberei: Das harte, obere Drittel der Artischocken abtrennen, die äußersten Blätter mit einem Messer entfernen, den Stiel etwas kürzen und die harte Schale wegschneiden. Die Artischocken längs halbieren. Eventuell vorhandenes »Heu« mit einem Löffel herauslösen (bei jungen Artischocken kann man es essen, probieren Sie es einmal!). Arbeiten Sie sorgfältig, denn das zähe Heu stört beim Essen sehr.

Marinierte Garnelenspieße mit Tomate

ARBEITSZEIT: 20 MINUTEN – GARZEIT: 15 MINUTEN – MARINIEREN: JE LÄNGER, DESTO BESSER

FÜR 4 SPIESSE
(2 GARNELEN PRO SPIESS)

8 Riesengarnelen
16 Cocktailtomaten
ca. 110 ml Olivenöl
2 Knoblauchzehen (gehackt)
2 Handvoll Blattpetersilie
Salz
Pfeffer aus der Mühle
1 Tomate
1 Frühlingszwiebel
10 schwarze Oliven (ohne Stein)
1 Handvoll Blattpetersilie

Die Garnelen bis auf den Schwanzfächer schälen und den Darm entfernen.
Eine Garnele auf einen Teller legen und an die Bauchseite eine Tomate setzen. Eine weitere Garnele mit Tomate danebenlegen. Dann beide Garnelen-Tomaten-Paare aufspießen. Damit sie besser halten, verwende ich immer zwei Spießchen pro Doppelpaar (siehe Foto).
Die Marinade mit 100 ml Olivenöl, den Knoblauchzehen, 1 Handvoll gehackter Petersilie, Salz und Pfeffer ansetzen. Die Garnelenspieße in eine Schüssel legen und mit Marinade übergießen. Bis zur weiteren Verarbeitung in den Kühlschrank stellen. Je länger die Spieße marinieren können, desto besser. Man kann sie ruhig am Vortag schon zubereiten.
Gegart werden sie entweder auf dem Grill oder bei 180°C im vorgeheizten Ofen. Tomate, Frühlingszwiebel, Oliven und restliche Petersilie klein schneiden, mit 1 Schuss Olivenöl übergießen, salzen und pfeffern.

Mein Tipp:

Das ist eines meiner Lieblingsgerichte für Grillpartys. Die meiste Arbeit erledige ich vorab: Ich rühre diverse Saucen an und bereite unterschiedliche Gemüsegerichte für den Ofen sowie einige Fischgerichte vor (wie den Grillspieß mit Aal und Seeteufel, siehe S. 122). Wenn die Gäste eintreffen, schiebe ich die Gemüsepfannen in den Ofen und überlasse nach alter Tradition das Grillen meinem Mann Paul. So herrscht gleich eine entspannte Atmosphäre. Wenn die Gerichte fertig sind, kommen sie alle gleichzeitig auf den Tisch und jeder nimmt sich, wonach ihm der Sinn steht. Wenn dieses Gericht Teil eines Menüs ist, rechne ich zwei bis vier Garnelen pro Person.

Ihr wunderbarer, würziger Duft
macht sie unwiderstehlich.

Riesengarnelen mit Rohkostsalsa

ARBEITSZEIT: 15 MINUTEN – GARZEIT: 10 MINUTEN

4 Riesengarnelen (Black Tiger)
Olivenöl
Salz
Pfeffer aus der Mühle
1 Tomate
1 Stück Gurke (ca. 5 cm lang)
½ kleine rote Zwiebel
1 Knoblauchzehe
1 Handvoll Blattpetersilie
Saft von ½ Zitrone

Den Backofen auf 180°C vorheizen.
Die Garnelen bis auf Kopf und Schwanzfächer schälen und nicht vergessen den Darm zu entfernen: Dafür am Rücken entlang einschneiden und den dunklen Darm herausziehen. Die Garnelen in eine ofenfeste Form legen. Mit Olivenöl einreiben, salzen und pfeffern. Die Garnelen im Ofen 10 Minuten garen.
Währenddessen die Rohkostsalsa zubereiten. Die Tomate vierteln, entkernen und das Fruchtfleisch durch ein Sieb reiben, den Tomatensaft auffangen. Die Gurke der Länge nach halbieren. Die Kerne mit einem Teelöffel entfernen. Die beiden Gurkenhälften klein würfeln. Zwiebel und Knoblauch schälen und mit der Petersilie fein hacken. Alles in eine Schüssel geben. Mit reichlich Olivenöl (oder Haselnussöl), Zitronensaft und dem frischen Tomatensaft verrühren. Mit Salz und Pfeffer abschmecken.

Mein Tipp:

Wer es gerne scharf mag, kann auch ein Stückchen Chilischote in die Salsa geben. Ein Drittel einer Chilischote fein hacken und unter die Salsa rühren. Alternativ kann man Chilipulver aus der Mühle verwenden. Aber Vorsicht: Genau die richtige Menge zu erwischen, ist eine Kunst – nicht zu viel und nicht zu wenig.

Verwöhnen Sie sich mit diesen köstlichen Riesengarnelen.

Riesengarnelen mit Tomaten in Kräutersauce

ARBEITSZEIT: 20 MINUTEN – GARZEIT: 20 MINUTEN

3 Tomaten
2 Knoblauchzehen
frische Kräuter (Basilikum, Petersilie und Koriander)
1 kleine Dose Tomatenpüree
Olivenöl
Saft von ½ Limette
Salz
Pfeffer aus der Mühle
6 Riesengarnelen

Imposante Garnelen mit viel Fleisch.

Die Tomaten waschen, vierteln und dabei die Stielansätze entfernen. Das Fruchtfleisch anschließend klein würfeln und in eine kleine Schüssel geben. Den Knoblauch und die Kräuter fein hacken und zu den Tomatenwürfeln geben. Alles mit Tomatenpüree verrühren. Einen Schuss Olivenöl und den Limettensaft dazugießen. Mit reichlich Salz und Pfeffer abschmecken.
Den Backofen auf 180°C vorheizen.
Die Garnelen bis auf Kopf und Schwanzfächer schälen und entlang des Rückens den Darm entfernen. Die geschälten Garnelen in eine Auflaufform legen und mit Tomatensauce bedecken.
Die Garnelen im Ofen 20 Minuten garen.

Mein Tipp:

Riesengarnelen sind Zehnfußkrebse, die auch unter der Bezeichnung »Black Tiger« oder »Tiger Prawn« im Handel sind. Dort findet man allerdings auch »Scampi« oder »Gambas« - die diversen Bezeichnungen können zugegebenermaßen verwirrend sein. Mit »Gambas« sind große Garnelen gemeint (ohne Scheren), »Scampi« sind eigentlich kleine Krebse (mit Scheren). Ich bevorzuge die Garnelen, weil sie viel Fleisch haben und das Schälen weniger aufwendig ist. Man bekommt Garnelen selten fangfrisch, deshalb nehme ich tiefgefrorene (4 bis 6 Stück pro Kilogramm). Man sollte sie am Vortag kaufen und über Nacht im Kühlschrank auftauen lassen. Wichtig ist, sie nach dem Auftauen noch gut abtropfen zu lassen (kein oder kaum Restwasser in der Schüssel), sonst wird die Sauce bei der Zubereitung zu wässrig.

VINO

Kalte, sommerliche Fischgerichte

Zucchiniröllchen mit Räucherlachs und Nori

ARBEITSZEIT: 20 MINUTEN – GARZEIT: 5 MINUTEN

1 Zucchino
Olivenöl
Fleur de Sel
Pfeffer aus der Mühle
Thymian (getrocknet)
2 Scheiben Räucherlachs (dünn geschnitten)
2 Noriblätter

Den Backofen auf 180°C vorheizen.
Den Zucchino gründlich waschen, nicht schälen. Mit einem Sparschäler den Zucchino der Länge nach in dünne Scheiben schneiden. Dabei nur das äußere, feste Fruchtfleisch verwenden, nicht das Innere mit den Kernen. Die Scheiben in eine ofenfeste Form legen, gegebenenfalls übereinanderschichten. Alle Scheiben gut mit Olivenöl bestreichen und mit Fleur de Sel, Pfeffer und Thymian bestreuen. Zucchinischeiben im Ofen etwa 5 Minuten garen, sie sollten nicht braun, sondern nur weich werden.
Währenddessen den Räucherlachs auf die Breite der Zucchinoscheiben schneiden.
Mit den Noriblättern in gleicher Weise verfahren. Hierfür nimmt man am besten eine Schere. Die Noriblätter mit etwas Wasser besprenkeln, damit sie sich besser verarbeiten lassen.
Nun werden die Röllchen gemacht: auf je 1 Zucchinischeibe 1 Noriblatt und darüber 1 Lachsscheibe legen und aufrollen. Mit einem Zahnstocher feststecken.

Die Noriblätter geben diesem Fingerfood das gewisse Etwas.

Mein Tipp:

Für die Röllchen benötigt man nur die breiteren Scheiben, der Rest kann in einem Salat verarbeitet werden. Zucchinistreifen schmecken in jedem Salat gut. Noriblätter kennt man vor allem als dunkelgrüne Umhüllung von Sushireis. Die Algen haben nicht nur einen ausgezeichneten Geschmack, sondern sind zudem auch sehr gesund. Algen enthalten viele Spurenelemente und sind deshalb eine sehr gute Ergänzung zu unserer an Spurenelementen eher armen westlichen Ernährung. Nori ist vielerorts im Handel erhältlich.

Jakobsmuscheln mit Tomate und Lachskaviar

ARBEITSZEIT: 15 MINUTEN – GARZEIT: 7 MINUTEN

1 Tomate
1 Frühlingszwiebel
1 Gläschen Lachskaviar
Haselnussöl
Fleur de Sel
Pfeffer aus der Mühle
4 Jakobsmuscheln
Rucola

Die Tomate an der Unterseite kreuzweise einritzen und dann in kochendes Wasser tauchen, bis sich die Haut an der Einschnittstelle aufrollt. Die Tomate aus dem Wasser holen und häuten, dann vierteln und dabei den Stielansatz entfernen. Das Fruchtfleisch klein würfeln.
Die Frühlingszwiebel in sehr dünne Ringe schneiden.
Die Tomatenwürfel mit den fein geschnittenen Frühlingszwiebelringen und dem Lachskaviar vermengen. Einen Schuss Haselnussöl dazugießen und mit Fleur de Sel und Pfeffer würzen.
Die Jakobsmuscheln horizontal halbieren und in der Pfanne auf beiden Seiten 1 Minute anbräunen. Salzen und pfeffern.
Die halbierten Jakobsmuscheln auf den Tellern anrichten und je 1 EL Tomatenmischung daraufsetzen. Mit ein paar Blättchen Rucola und einigen Spritzern Öl garnieren.

köstlich, raffiniert und mundgerecht.

Mein Tipp:

Wenn ich Tomaten in einem Salat verarbeiten möchte, entferne ich immer das weiche Innere mit den Kernen. Ich werfe es allerdings nicht weg, sondern reibe es durch ein Sieb und erhalte so frischen Tomatensaft. Meistens füge ich diesen einer Salatsauce hinzu, wodurch ich aus einem gewöhnlichen Salatdressing eine raffinierte Vinaigrette zaubere (siehe Tomatenvinaigrette auf S. 36). Für dieses Gericht benötigen wir keinen Tomatensaft, aber ich finde dieses »göttliche Nass« einfach zu schade zum Wegwerfen. Manchmal serviere ich es in kleinen Gläsern mit Salz, Pfeffer und ein paar Tropfen Olivenöl gewürzt als kalte Suppe. Schön, exquisit und sehr wohlschmeckend.

Roher Lachs mit Lachskaviar und Avocado

ARBEITSZEIT: 20 MINUTEN

1 reife Avocado
300 g Lachsfilet
Blattpetersilie
1 Bio-Limette
2 EL Mayonnaise (siehe S. 37)
Salz
Pfeffer aus der Mühle
1 Gläschen Lachskaviar

Die Avocado halbieren, entsteinen (siehe S. 56) und schälen. Das Avocadofruchtfleisch klein würfeln.
Auch das Lachsfilet klein würfeln.
Etwas Petersilie sehr fein hacken.
Die Limette gut waschen und mit einer feinen Raspel die Schale abraspeln. Achtung: nur das Grüne! Den Saft auspressen.
Aus der Mayonnaise und dem Limettensaft, Salz und Pfeffer ein Dressing zubereiten.
Alle Zutaten vorsichtig vermengen und mit einem Löffel in einen Garnierring einschichten (direkt auf dem Teller).
Sorgfältig andrücken und dann den Ring entfernen. Mit Lachskaviar garnieren.

So zart, so cremig und so lecker!

Mein Tipp:

Ich mag die Kombination von weichen Konsistenzen, wer aber etwas mehr Arbeit für die Zähne möchte, kann noch klein geschnittene Frühlingszwiebeln oder geröstete Pinienkerne in die Mischung geben.

Ofengegarte Zucchini mit Krabbensalat und Lachskaviar

ARBEITSZEIT: 15 MINUTEN – GARZEIT: 15 MINUTEN

1 Zucchino
Olivenöl
Fleur de Sel
Pfeffer aus der Mühle
3 EL Mayonnaise (siehe S. 37)
Saft von ½ Zitrone
1 EL Kapern
300 g Krebsfleisch aus der Dose (Abtropfgewicht)
1 Gläschen Lachskaviar

Den Backofen auf 180 °C vorheizen.
Den Zucchino waschen. Mit einem Sparschäler dünne Scheiben abschälen. Die Zucchinischeiben sorgfältig überlappend in eine ofenfeste Form legen. Mit etwas Olivenöl beträufeln, salzen und pfeffern. Die Zucchinischeiben im Ofen 10 bis 15 Minuten garen, bis sie gar und leicht gebräunt sind.
Aus der Mayonnaise, 1 EL Wasser, Zitronensaft, Kapern, Fleur de Sel und Pfeffer eine Sauce zubereiten.
Krabben und Lachskaviar unter die Sauce heben.
Auf den Tellern ein Bett aus gegarten Zucchinischeiben machen und darauf den Krabbensalat mit dem Lachskaviar anrichten.

Mein Tipp:

Nichts schmeckt leckerer als das saftige Fleisch frischer Krabben. Aber sie zu schälen, ist mühsam und zeitraubend. Deshalb habe ich in meiner Speisekammer immer eine große Dose Krabben, falls ich mal keine Zeit habe, einzukaufen oder lange in der Küche zu stehen und trotzdem etwas Leckeres, Originelles servieren möchte. Mein Mann denkt manchmal, wir hätten rein gar nichts mehr im Haus, aber ich kann jederzeit im Handumdrehen eine exquisite Vorspeise zaubern.

Eine exquisite Vorspeise für besondere Gelegenheiten.

Räucherlachs mit Tomatensalat und Seehasenkaviar

ARBEITSZEIT: 15 MINUTEN

2 Tomaten
2 Frühlingszwiebeln
Olivenöl
Zitronensaft
Fleur de Sel
Pfeffer aus der Mühle
1 Gläschen Seehasenkaviar
1 Handvoll Blattpetersilie
300 g Räucherlachs (in Scheiben)

Die Tomaten vierteln, das Innere mit den Kernen durch ein Sieb reiben, den Saft auffangen. Das Fruchtfleisch der Tomatenviertel erst in Halbmonde, dann in kleine Würfel schneiden.
Die Frühlingszwiebeln fein hacken.
Tomatenwürfel, gehackte Frühlingszwiebeln und den Tomatensaft in eine Schüssel geben. Mit 1 Schuss Olivenöl und etwas Zitronensaft vermischen und mit Fleur de Sel und Pfeffer abschmecken.
Den Seehasenkaviar darunter rühren.
Die Petersilie fein hacken.
Den Boden einer Servierplatte mit den Räucherlachsscheiben auslegen und den Tomatensalat in der Mitte anrichten. Mit Petersilie garnieren.

Zu dem saftigen Tomatensalat mit Frühlingszwiebeln passt der Räucherlachs ideal.

Roher Wolfsbarsch mit Avocado und Kräutern

ARBEITSZEIT: 20 MINUTEN

FÜR 4 GLÄSER

1 Bio-Limette
120 g Wolfsbarschfilet (30 g pro Glas)
Olivenöl
Zitronensaft
Salz
Pfeffer aus der Mühle
1 reife Avocado
1 großzügige Handvoll frischer Kräuter (Dill, Koriander, Schnittlauch)

Die Limette waschen und nur die grüne Schale abschälen (das Weiße schmeckt bitter). Die Limettenschale in feine Streifen schneiden. Die Limette auspressen.
Das Wolfsbarschfilet klein würfeln. Mit 1 Schuss Olivenöl, etwas Zitronensaft und den Limettenschalenstreifen vermischen. Mit Salz und Pfeffer abschmecken. Kalt stellen.
Die Avocado halbieren, entsteinen (siehe S. 56) und schälen. Das Fruchtfleisch mit einer Gabel zerdrücken und mit dem Saft von 1/2 Limette vermischen. Mit Salz und Pfeffer abschmecken.
Die Kräuter fein hacken und mit etwas Olivenöl, Salz und Pfeffer vermengen.
In jedes Glas zuerst Avocadowürfel füllen, darauf die Kräuter geben und mit Wolfbarschwürfeln abschließen. Mit den Kräutern garnieren.

Mein Tipp:

Wenn man rohen Fisch wie diesen Wolfsbarsch längere Zeit in säurehaltige Marinaden – zum Beispiel mit Zitronensaft – einlegt, wird das Fischeiweiß so verändert, dass der Fisch kalt-gegart wird. Wenn Sie keinen rohen Fisch mögen, verwenden Sie stattdessen gebratene Jakobsmuscheln.

Erfrischt und überrascht durch seine außergewöhnliche Textur.

Delikate Matjesfilets mit Spargel-Kräuter-Salat

ARBEITSZEIT: 20 MINUTEN – GARZEIT: 5 MINUTEN

8 grüne Spargelstangen
3 Frühlingszwiebeln
1 Bund Schnittlauch
1 Handvoll Rucola
Salz
Pfeffer aus der Mühle
Olivenöl
Saft von ½ Zitrone
2 Tomaten
4 Matjesfilets

Die Spargelstangen im unteren Drittel schälen und holzige Enden abschneiden. Spargelstangen bissfest kochen.
Die Frühlingszwiebeln der Länge nach in dünne Streifen schneiden. Auch die blanchierten Spargelstangen der Länge nach halbieren. Alles in einer Schüssel zusammen mit Schnittlauch und Rucola vermengen. Salzen und pfeffern und mit 1 Schuss Olivenöl sowie dem Zitronensaft vermischen.
Die Tomaten vierteln und das Innere mit den Kernen durch ein Sieb reiben. Den Saft auffangen und zu dem Salat geben. Das Fruchtfleisch klein würfeln und für die Garnitur beiseitestellen.
Die Matjesfilets der Länge nach halbieren.
Mit je zwei halben Filets pro Portion einen Garnierring an der Innenseite auslegen. Etwas Salat mit bloßen Händen zu einer Kugel formen, in die Mitte des Garnierrings setzen und gut andrücken. Gegebenenfalls noch mehr Salat hinzufügen und ebenfalls gut andrücken. Den Garnierring vorsichtig abheben. Mit Tomatenwürfeln umstreuen.

Mein Tipp:

Den Salat so in der Hand drehen, wie man Spaghetti auf eine Gabel aufwickeln würde. Dass der Salat beim Abheben des Garnierrings hier und da hervorsticht, ist ein gewünschter Effekt.

Die ultimativen Matjesfilets!

Muscheln mit Frühlingszwiebeln und einer Mayonnaise-Senf-Sauce

ARBEITSZEIT: 20 MINUTEN (FALLS DIE MUSCHELN VERZEHRFERTIG SIND)

1 süße Zwiebel (z.B. die weiße Sorte)
Öl
Salz
Pfeffer aus der Mühle
4 Frühlingszwiebeln
3 EL Mayonnaise (siehe S. 37)
1 EL Senf
Saft von ½ Zitrone
300–400 g verzehrfertiges Miesmuschelfleisch
Rosa Pfefferkörner

Die Zwiebel in Ringe schneiden und in Öl glasig dünsten, salzen und pfeffern. Die Zwiebelringe mit dem Muschelfleisch vermengen. Die Frühlingszwiebeln klein schneiden und mit etwas Öl vermischen.
Mayonnaise und Senf zusammen mit 2 EL Wasser und dem Zitronensaft zu einer sämigen Sauce verrühren.
Den Garnierring in die Mitte eines tiefen Tellers platzieren. Den Ring zu drei Vierteln mit den Miesmuscheln befüllen und fest andrücken.
Den Rest mit Frühlingszwiebeln auffüllen und erneut fest andrücken.
Kreisförmig um den Ring die Mayonnaise-Senf-Sauce gießen.
Den Garnierring abheben und das Türmchen mit rosa Pfefferkörnern garnieren.

Mit dieser Komposition kommt Meer auf den Tisch.

Mein Tipp:

Die als »rosa Pfeffer« bekannten Körner sind eigentlich die getrockneten Früchte der »Weihnachtsbeere«. Sie schmecken auch nicht nach Pfeffer, sondern haben einen exotischen, milden Geschmack und verleihen Gerichten einen attraktiven farblichen Akzent.

Kurz gebratener Lachs mit krosser Haut auf einem Gemüsebett

ARBEITSZEIT: 15 MINUTEN – GARZEIT: 1 MINUTE

1 reife Avocado
1 Tomate
diverse frische Kräuter
Sesamöl
2 Limetten
Salz
Pfeffer aus der Mühle
Lachsfilet mit Haut, aus einem Stück geschnitten (für 2 Personen)
Olivenöl (oder Kokosfett)
geröstete Sesamsamen

Die Avocado halbieren, entsteinen (siehe S. 56) und schälen. Das Fruchtfleisch in dicke Scheiben schneiden. Die Tomate erst halbieren, dann ebenfalls in dicke Scheiben schneiden.
Die Kräuter fein hacken und mit etwas Sesamöl und dem Saft von 1 Limette vermischen. Mit Salz und Pfeffer abschmecken.
Das Lachsfilet in dicke Scheiben schneiden, dann wieder zu einem einzigen Filet zusammenfügen.
In einem Topf etwas Olivenöl heiß werden lassen. Etwas Salz in das heiße Öl streuen und sofort den Fisch mit der Hautseite nach unten hineinlegen. Rund 1 Minute anbraten. Aus dem Topf nehmen.
Auf den Tellern aus den marinierten Kräutern ein Bett formen und darauf die Tomaten- und Avocadoscheiben anrichten. Die Lachsscheiben daraufsetzen.
Salzen und pfeffern und mit gerösteten Sesamkörnern bestreuen. Nach Geschmack noch mit etwas Sesamöl und Limettensaft beträufeln, 1/2 Limette dazulegen.

Mein Tipp:

Für eine krosse Haut das Fischfilet nicht entschuppen, denn gerade die Schuppen sorgen dafür, dass die Haut kross wird.

Die Haut ist unglaublich kross!

Ceviche mit Lachs

ARBEITSZEIT: 10 MINUTEN –MARINIEREN: MINDESTENS 12 STUNDEN

300 g Lachsfilet
(150 g pro Person)
2 Bund Koriander
1 Knoblauchzehe
(geschält)
2 rote Zwiebeln (oder
2 süße weiße)
Fleur de Sel
Pfeffer aus der Mühle
Olivenöl
3 Limetten
3 Zitronen
Korianderblätter für die
Garnitur

Das Lachsfilet in mundgerechte Stücke zerteilen und in eine Schüssel geben.
Koriander und Knoblauch fein hacken, die Zwiebeln schälen und in dünne Ringe schneiden und alles zum Lachs geben. Reichlich mit Fleur de Sel und schwarzem Pfeffer würzen und den Fisch großzügig mit Olivenöl begießen.
Limetten und Zitronen auspressen und den Saft ebenfalls dazugeben. Die Fischstücke müssen vollständig bedeckt sein. Alles vorsichtig miteinander vermengen, damit sich alle Aromen gut miteinander verbinden können. Kühl stellen und mindestens 12 Stunden marinieren lassen.
Mit frischem Koriander bestreut servieren.

Mein Tipp:

Ceviche ist ein südamerikanisches Gericht, das vor allem in Peru sehr beliebt ist. Der rohe Fisch wird in viel Zitronen- und Limettensaft eingelegt. Diese Zubereitungsart lässt sich auf nahezu alle Fischarten anwenden, auch auf Garnelen. Das Marinieren ist sozusagen eine Art des langsamen, »kalten« Garens. Der Fisch muss mindestens 12 Stunden mariniert werden, noch besser ist es, ihn bereits am Vortag einzulegen. Dann schmeckt er noch besser!
Wieviel Olivenöl braucht man? Das ist schwierig zu beantworten, weil dies auch von der Größe des verwendeten Gefäßes abhängt. Wichtig ist, dass alles bedeckt ist und dass die Marinade zur Hälfte aus Olivenöl und zur Hälfte aus Zitronen- und Limettensaft besteht.

Ein Gaumenkitzel durch würzige Marinade, aromatisch und prickelnd.

Warme Fischgerichte

Fisch und Muscheln vom Grill mit Tomatensalat

ARBEITSZEIT: 20 MINUTEN – GARZEIT: 20 MINUTEN

4 stabile Rosmarinzweige
4 kleine Rundfische
Olivenöl
Salz
Pfeffer aus der Mühle
3 Tomaten
1 Frühlingszwiebel
Blattpetersilie
Saft von ½ Zitrone
10 große Muscheln

Die Rosmarinzweige jeweils am unteren Ende anspitzen und vom Maul her einmal durch die Fische stechen, sodass sie am Schwanzende wieder austreten. Wenn die Zweige zu dünn sind, gelingt das nicht, dann einfach so weit wie möglich ins Maul stecken.
Die Fische an den Seiten einritzen, mit reichlich Olivenöl einreiben, salzen und pfeffern.
Die Tomaten vierteln, das Innere mit den Kernen durch ein Sieb reiben, den Saft auffangen. Das Fruchtfleisch klein würfeln und wieder mit dem Tomatensaft vermischen. Frühlingszwiebel und Petersilie fein hacken und unter die Tomatenwürfel mischen. Einen Schuss Olivenöl und den Zitronensaft dazugießen. Mit reichlich Salz und Pfeffer abschmecken.
Die Muscheln und die Fischspieße auf dem Grill braten. Mit dem Tomatensalat servieren.

Mein Tipp:

Kaufen Sie kleine Rundfische mit festem Fleisch, beispielsweise kleine Doraden. Lassen Sie sich vom Fischhändler nur die Bauchhöhle ausnehmen und säubern. Für die Zubereitung auf dem Grill brauchen die Schuppen nicht entfernt zu werden, dann bleibt der Fisch nicht so leicht am Grillrost kleben.

Am Strand schmeckt Fisch einfach besser ...

Gegrillte Muscheln mit Curry

ARBEITSZEIT: 15 MINUTEN – GARZEIT: 10 – 15 MINUTEN (SEHR ABHÄNGIG VON DER HITZE)

1 kg Muscheln
½ Gläschen grüne Currypaste
Olivenöl

Die Muscheln waschen und gegebenenfalls putzen (die meisten im Handel erhältlichen Muscheln sind bereits gesäubert).
Die Currypaste in einer großen Schüssel mit reichlich Olivenöl verrühren und die Muscheln gründlich in dieser Marinade wenden.
Die Muscheln auf dem Grill 10 bis 15 Minuten braten, bis sich alle geöffnet haben. Ungeöffnete aussortieren.
Anschließend wieder zurück in die Schüssel geben und erneut in der Marinade wenden, damit sich der gegarte Curry mit dem ungegarten vermengt und auch in die geöffneten Schalen dringt.
Ideal ist es, wenn man die Muscheln ohne Besteck essen und auch gelegentlich die Finger ablecken kann. Einfach lecker, dank des Currys!

Mein Tipp:

Wer thailändischen Curry verwendet, benötigt wegen der Schärfe nicht mehr als einen gehäuften Teelöffel. Der in europäischen Geschäften verkaufte Curry, also sozusagen der »westliche« Curry, ist viel milder, von dem kann man ruhig ein halbes Gläschen verwenden. Am besten, man schmeckt immer wieder ab! Currypulver aus der Tüte ist für dieses Gericht nicht geeignet, man braucht wirklich Currypaste. Die findet sich aber auch in fast jedem Supermarkt.
Fingerfood, Vorspeise oder Hauptgericht? Wie man möchte. Ich persönlich lege die Muscheln bei Partys häufig auf den Grill und die Gäste nehmen sich, so viel sie wollen. In der Regel serviere ich sie als Fingerfood oder als Vorspeise, vor allem deshalb, weil sie recht viel Platz auf dem Grill einnehmen.

Muscheln, nach denen man sich die Finger ableckt.

Grillspieß mit Aal und Seeteufel

ARBEITSZEIT: 20 MINUTEN – GARZEIT: 20 MINUTEN

1 Aal
300 g Seeteufel
Olivenöl
Currypulver
10 getrocknete Lorbeerblätter
½ Aubergine
1 rote Paprikaschote

Aal und Seeteufel in große Stücke schneiden. Den Fisch in Olivenöl wenden. Nur die Aalstücke kräftig mit Currypulver würzen. Nun immer abwechselnd 1 Stück Aal und 1 Stück Seeteufel auf den Spieß schieben, jeweils mit 1 Lorbeerblatt dazwischen.
Den Spieß bei mittlerer Hitze 10 bis 15 Minuten grillen.
Die Aubergine und die Paprika klein würfeln und in reichlich Olivenöl 15 Minuten dünsten.

Mein Tipp:

Aal ist ein sehr fetthaltiger Fisch und lässt sich deshalb gut grillen. Er enthält auch die so wichtigen Omega-3-Fettsäuren. Gegrillter Aal schmeckt köstlich und macht ordentlich satt, wie Sie merken werden.

Ein appetitliches Zusammenspiel von Fisch und Gemüse.

Lachs in kalter Tomaten-Grapefruit-Suppe

ARBEITSZEIT: 15 MINUTEN – GARZEIT: 6 MINUTEN

2 Tomaten
Saft von 1 Grapefruit
2 Lachsfilets
Öl
1 Gläschen Lachskaviar
Fleur de Sel
Pfeffer aus der Mühle

Die Tomaten vierteln, das Fruchtfleisch durch ein Sieb reiben und den Saft auffangen. Den Tomatensaft mit dem Grapefruitsaft verrühren.
Den Lachs nur kurz in heißem Öl anbraten, er soll innen noch roh sein. Je 1 Lachsfilet auf einen Teller setzen und die Tomaten-Grapefruit-Suppe angießen. Mit Lachskaviar garnieren und kräftig mit Fleur de Sel und Pfeffer würzen.

Mein Tipp:

Sie können auch Forellenkaviar nehmen, der klebt nicht so an den Fingern und lässt sich daher auch besser verarbeiten. Geschmacklich nehmen sich beide Kaviarsorten nichts. Nicht zu viel der kalten Suppe in die Teller gießen, denn die Fischeier gehen darin unter und dann kann man sie nicht mehr sehen.

In Geschmack und Optik eine feine Delikatesse.

Tintenfisch mit Garnelen-Gemüse-Kräuter-Füllung

ARBEITSZEIT: 15 MINUTEN – GARZEIT: 20 MINUTEN

1 kg tiefgekühlte Garnelen (300 g Abtropfgewicht)
2 große Tomaten
½ rote Paprikaschote
1 Knoblauchzehe
1 großes Bund frische Kräuter (Petersilie, Koriander usw.)
Olivenöl
Saft von ½ Zitrone
Salz
Pfeffer aus der Mühle
4 Tintenfische (gesäubert)

Den Backofen auf 180°C vorheizen.
Die Garnelen auftauen lassen und gründlich trocken tupfen. Eine Tomate, Paprika, Knoblauch, Kräuter und die Garnelen im Küchenmixer pürieren (das geht einfacher, wenn man vorher alles in grobe Stücke schneidet). Einen kräftigen Schuss Olivenöl und den Zitronensaft dazugießen. Mit etwas Salz und reichlich Pfeffer abschmecken. Die Tintenfischkörper mit dieser Mischung füllen. Mit einem Zahnstocher oder einem stabilen Kräuterzweig verschließen. In einer Auflaufform im Ofen etwa 20 Minuten garen. Die andere Tomate vierteln, das Innere mit den Kernen durch ein Sieb reiben, den Saft auffangen. Das Fruchtfleisch klein würfeln. Den entstandenen Garsud der Tintenfische mit dem aufgefangenen Tomatensaft und den Tomatenwürfeln vermengen und als Sauce verwenden. Diese Sauce schmeckt so köstlich, dass ich sie manchmal in Gläser gefüllt als Süppchen reiche.

Dieses Gericht bringt mich immer in Hochstimmung: die Form, die Aromen, die Farben …

Mein Tipp:

Frischer Tintenfisch ist nicht so einfach zu bekommen wie tiefgefrorener. Letzterer hat auch den großen Vorteil, dass er weniger zäh ist, denn durch den Gefriervorgang wird die Zellstruktur aufgebrochen. Manche Tintenfische sind beschädigt und dadurch an beiden Seiten offen. Doch für das Befüllen stellt das kein Problem dar. Man verschließt einfach auch das andere Ende mit einem Zahnstocher.
Es eignen sich alle frischen Kräuter. Nehmen Sie einfach Ihr Lieblingskraut. Für mich ist das auf jeden Fall Koriander.

Fisch mit Kräutern, Kokosmilch, Limette und Cocktailtomaten

ARBEITSZEIT: 15 MINUTEN – GARZEIT: 30 MINUTEN

4 EL Kokosmilch
2 Bio-Limetten
Olivenöl
Fleur de Sel
Pfeffer aus der Mühle
1 Knoblauchzehe (fein gehackt)
1 großes Bund frische Kräuter (Petersilie, Dill, Koriander usw.)
15 Cocktailtomaten
400 g Fischfilets (weißes, festes Fleisch)

Den Ofen auf 180 °C vorheizen. Die Kokosmilch mit dem Saft von 1 Limette und 1 Schuss Olivenöl verrühren. Mit Fleur de Sel und Pfeffer und dem fein gehackten Knoblauch abschmecken. Die Kräuter fein hacken. Die Cocktailtomaten halbieren. Die andere Limette in Scheiben schneiden.
In eine ofenfeste Form eine erste Schicht Fischfilets legen, mit einem Teil der Kräutermischung bestreuen und mit der Sauce übergießen, anschließend bei den folgenden Schichten ebenso verfahren, mit Kräutern und Sauce abschließen. Mit den halbierten Cocktailtomaten und Limettenscheiben garnieren. Den Fisch im Ofen etwa 30 Minuten garen.

Mein Tipp:

Ich verwende beispielsweise Wolfsbarsch, Dorade oder Kabeljau. Fragen Sie Ihren Fischhändler nach grätenfreien Fischfilets mit festem, weißem Fleisch.

Ein Last-Minute-Rezept, wenn Gäste vor der Tür stehen: wenig Aufwand für ein traumhaftes Essen.

Würzige Lachsspieße mit Auberginen-Tomaten-Gemüse

ARBEITSZEIT: 15 MINUTEN – GARZEIT: 30 MINUTEN

1 Knoblauchzehe
1 Aubergine
3 Tomaten
Olivenöl
Fleur de Sel
Pfeffer aus der Mühle
Zitronensaft
Basilikum
4 dünne Lachsscheiben
bunte Pfeffermischung

Den Knoblauch fein hacken, die Aubergine und die Tomaten würfeln, dabei die Stielansätze der Tomaten entfernen. Das Gemüse in einen Topf geben und in reichlich Olivenöl 30 Minuten köcheln lassen. Mit Fleur de Sel und Pfeffer abschmecken und zuletzt etwas Zitronensaft und Basilikumblätter hinzufügen.
Den Backofen auf 180°C vorheizen.
Die Lachsscheiben auf einer Arbeitsfläche flach ausbreiten und mit Öl einreiben sowie kräftig mit der Pfeffermischung und etwas Fleur de Sel bestreuen. Die Scheiben um einen Spieß rollen und im Ofen 5 bis 7 Minuten garen. Mit dem Auberginen-Tomaten-Gemüse servieren.

Mein Tipp:

Pfeffermischungen sind im Handel erhältlich und enthalten in der Regel weißen, schwarzen und roten Pfeffer.
Man kann die Spieße auch auf den Grill legen oder in einer ofenfesten Form liegend in den Ofen schieben. Aber das optimale Ergebnis erhält man wie folgt: ½ Zitrone mit der Schnittfläche nach unten auf die Arbeitsfläche legen und jeweils schräg zwei Lachsspieße hineinpieksen, sodass sich beide im Gleichgewicht halten. Diese Kreation dann in den Ofen schieben.

Elegant und pikant.

Nah bei der Natur, nah
bei sich selbst.

Ein Stück Fleisch – ein wahrer Genuss

Cocktailtomaten im Speckmantel

ARBEITSZEIT: 5 MINUTEN – GARZEIT: 25 MINUTEN

4 Cocktailtomaten
4 Scheiben Bauchspeck

Den Backofen auf 180°C vorheizen.
Die Cocktailtomaten gründlich, aber vorsichtig waschen, damit der Stiel nicht abfällt.
Jede Tomate so in 1 Scheibe Speck wickeln, dass sie oben und unten noch herausschaut. Keine Sorge, wenn der Speck die Tomate anfangs nur locker umschließt, beim Garen zieht er sich zusammen und bildet einen engen »Mantel«.
Die Tomaten in einer ofenfesten Form im Ofen 25 Minuten braten.

Mein Tipp:

Nehmen Sie mittelgroße Rispentomaten, an denen noch der Stiel sitzt. Die sind groß genug, um den Speck darumzuwickeln, und sie schmecken lecker süß.
Speck wird das Fleisch an Rücken und Bauch des Schweins genannt. Bauchspeck enthält im Vergleich zu Rückenspeck weniger Fett.

So einfach,
so schön
und so lecker!

Ibérico-Schinken mit Tomatensalsa

ARBEITSZEIT: 15 MINUTEN – GARZEIT: 5 MINUTEN

3 Tomaten
etwas Limettensaft
Olivenöl (Extra Vergine)
Fleur de Sel
200 g Ibérico-Schinken

Die Tomaten häuten und das Fruchtfleisch klein würfeln (siehe Tipp).
Mit einigen Tropfen Limettensaft und 1 großzügigen Schuss eines hochwertigen Olivenöls vermengen.
Mit Fleur de Sel würzen und zu dem in hauchdünne Scheiben geschnittenen Ibérico-Schinken reichen.

Ein perfekte Harmonie von Aromen …

Mein Tipp:

Die Tomaten an der Unterseite kreuzweise einritzen und dann in kochendes Wasser tauchen, bis sich die Haut an der Einschnittstelle aufrollt. Aus dem Wasser nehmen. Nun lässt sich die Haut leicht abziehen. Die Tomaten vierteln und dabei die Stielansätze entfernen, das Fruchtfleisch klein würfeln.
Der spanische Ibérico-Schinken, im Volksmund auch »Pata Negra« (Schwarzklauenschinken) genannt, zählt zu den besten der Welt. Die Schweinerasse mit ihren typischen schwarzen Klauen ernährt sich vorwiegend von Gras und Eicheln, dadurch erhält das Fleisch einen nussigen Geschmack. Alternativ kann man auch anderen luftgetrockneten Schinken nehmen, z.B. Serrano-Schinken (vom Hausschwein) oder Parma-Schinken (aus der italienischen Provinz Parma).
Bei diesem Rezept handelt es sich eher um einen Serviertipp. Aber die einfachsten Dinge sind häufig die leckersten. Diese simple Tomatensalsa lässt sich auf vielerlei Arten kombinieren, beispielsweise auch mit Fisch oder Käse, aber ganz besonders gut passt sie eben zu luftgetrocknetem Schinken.

Chateaubriand vom Grill mit Gemüsestücken

ARBEITSZEIT: 10 MINUTEN – GARZEIT: 20 MINUTEN

1 Doppellendenstück (300–400 g)
1 TL gemahlener Kreuzkümmel
Olivenöl
2 rote Zwiebeln
3 Pflaumentomaten
4 dicke Frühlingszwiebeln
Salz
Pfeffer aus der Mühle
Mojo Verde (siehe S. 36)

Den Backofen auf 180 °C vorheizen.
Das Fleisch mit Kreuzkümmel und etwas Olivenöl einreiben, dann beiseitestellen.
Die Zwiebeln und Tomaten halbieren. Den dunkelgrünen Teil der Frühlingszwiebeln abschneiden. Alle Gemüsestücke in eine ofenfeste Form legen, mit Olivenöl übergießen, salzen und pfeffern.
Das Gemüse im Ofen 20 Minuten garen.
Unterdessen die Mojo Verde zubereiten.
Das Fleisch auf den Grill legen und auf beiden Seiten 3 Minuten grillen, sodass es innen noch zartrosa ist. Wer das nicht mag, grillt noch etwas länger.
Das Fleisch mit den Gemüsestücken und der Mojo Verde servieren.

Mein Tipp:

Es ist eine Kunst, Frühlingszwiebeln oder andere Gemüsesorten auf dem Grill gar zu bekommen, denn sie verbrennen schnell. Deshalb gare ich sie lieber im Ofen und lege sie anschließend nur ganz kurz (1 Minute reicht) auf den Grill, um ihnen noch etwas Röstaroma zu verleihen.

Der Saft der gebratenen Tomaten und die Mojo Verde verbinden sich zu einer aromatischen Sauce.

Gefüllte Hähnchenbrust mit Spinat, Kräutern und Tomate

ARBEITSZEIT: 20 MINUTEN - GARZEIT: 30 - 35 MINUTEN

2 Hähnchenbrustfilets
Olivenöl
Salz
Pfeffer aus der Mühle
300 g Blattspinat
2 Bund frischer Basilikum
1 große Tomate
1 Bio-Zitrone
(in Scheiben)
einige Rosmarinzweige

Den Backofen auf 180°C vorheizen.
Die Hähnchenbrustfilets der Länge nach halbieren. Die beiden Hälften auf eine glatte Fläche legen und mit Frischhaltefolie abdecken. Dann flach klopfen, beispielsweise mit einer kleinen Pfanne. Mit Olivenöl einreiben, salzen und pfeffern.
Die frischen Spinatblätter in 1 großzügigen Schuss Olivenöl andünsten. Sobald sie zusammengefallen sind, Basilikum hinzufügen (auch die Blüten und weichen Stiele enthalten viel Aromastoffe). Salzen und pfeffern.
Die Tomate in Scheiben schneiden.
Zwischen die halbierten Hähnchenbrustfilets nacheinander Spinat, Tomatenscheiben und 1 Zweig Rosmarin schichten und mit Küchengarn zu einem Päckchen binden. Die Hähnchenbrustfilets in einer ofenfesten Form 30 bis 35 Minuten braten.
Die Fleischpäckchen mit Zitronenscheiben garniert servieren.

Mein Tipp:

Wenn man den Rosmarin zwischen die Hähnchenbrustscheiben steckt, kann er nicht verbrennen. Allerdings schmeckt er am leckersten, wenn man ihn kurz in Öl wendet und die letzten 5 Minuten im Ofen mitgaren lässt, er wird dann besonders knusprig.

Ein saftiges Stück Hähnchen.

Hähnchenbrust mit frischen Kräutern und Fenchelsalat

ARBEITSZEIT: 10 MINUTEN – GARZEIT: 20 MINUTEN

2 Hähnchenbrustfilets
Olivenöl
1 Fenchelknolle
Saft von 1 ½ Limetten
Salz
Pfeffer aus der Mühle
2 Handvoll frische Kräuter (Blattpetersilie, Basilikum, Schnittlauch usw.)

Die Hähnchenbrustfilets waagerecht in dünne Scheiben schneiden. In einer Pfanne in Olivenöl gar braten.
Unterdessen den Fenchel in ganz dünne Scheiben schneiden und mit dem Saft von ½ Limette sowie 1 Schuss Olivenöl vermengen. Salzen und pfeffern.
Die Kräuter fein hacken und mit 1 Schuss Olivenöl sowie dem restlichen Limettensaft vermischen. Salzen und pfeffern. Die Kräutermischung in den letzten Minuten der Garzeit zum Fleisch in die Pfanne geben, aber nicht anbrennen lassen.
Die Hähnchenbrustscheiben mit dem Fenchelsalat servieren.

Hähnchenbrust, die nach Sommer schmeckt: würzig und frisch.

Bressehuhn mit Zimt, Äpfeln und Walnüssen

ARBEITSZEIT: 15 MINUTEN – GARZEIT: 1 STD. 30 MIN.

1 Bressehuhn
2 TL gemahlener Kreuzkümmel
3 TL Zimtpulver
Salz
Pfeffer aus der Mühle
5 Äpfel
Walnusskerne

Den Backofen auf 180°C vorheizen.
Kreuzkümmel, 2 TL Zimtpulver, Salz und Pfeffer vermischen und damit das Huhn rundherum einreiben, auch unter der Haut würzen (siehe Tipp). Das Huhn in einer großen ofenfesten Form im Ofen mindestens 1½ Stunden braten.
Die ungeschälten Äpfel vierteln, entkernen und in Spalten schneiden. In eine Schüssel geben, die Walnüsse, das restliche Zimtpulver und 1 Schuss Olivenöl hinzufügen. Alles gut durchmischen. Die Apfel-Nuss-Mischung in den letzten 30 Minuten mit in die Ofenform geben.

Mein Tipp:

Bressehuhn ist zwar etwas teurer, aber die Qualität schmeckt man auch. Die Rasse stammt aus der französischen Region Bresse und unterliegt dort hinsichtlich Futter, Auslauf und Mindestschlachtalter hohen Anforderungen. Erhältlich sind Bressehühner beim exklusiven Metzger oder bei Anbietern von Wild und Wildgeflügel. Lassen Sie sich vom Metzger am besten gleich die Haut an der Brustseite etwas ablösen, damit Sie die Würzmischung darunterreiben können und diese nicht verbrennt. Und falls Sie genug Zeit haben, versuchen Sie es einmal mit Niederigtemperaturgaren: 2 Stunden und 30 Minuten bei 160 °C. Dann schmeckt das Huhn noch besser. Grundsätzlich bin ich nicht dafür, Obst in Gerichte einzubinden, weil es sie schwerer verdaulich macht, aber hierbei handelt es sich um eine derart simple Kombination, dass dies ein zu vernachlässigendes Problem ist. Man serviert zu einer Sorte Obst lediglich eine Sorte Eiweiß.

Aus irgendeinem Grund löst dieses Gericht bei allen gute Laune aus. Bei Jung oder Alt, durch die Bank Begeisterung!

Käse, Gemüse und ein Glas Wein

Rote Bete mit Hüttenkäse

ARBEITSZEIT: 15 MINUTEN

1 große Rote Bete
1 rote Zwiebel
Olivenöl
Saft von ½ Zitrone
Salz
Pfeffer aus der Mühle
einige Thymianzweige
1 Packung Hüttenkäse

Die Rote Bete waschen und die braunen Stellen entfernen, aber nicht schälen. Anschließend in hauchdünne Scheiben schneiden. Hierfür nimmt man am besten einen Gemüsehobel (Mandoline). Auch die Zwiebel in dünne Ringe schneiden. Alles in eine Schüssel geben und 1 Schuss Olivenöl sowie den Zitronensaft hinzufügen. Mit Salz und Pfeffer und etwas frischem Thymian abschmecken.
Den Rote-Bete-Salat auf einem Teller anrichten und mit Hüttenkäse garnieren. Vor dem Servieren noch etwas Olivenöl über den Hüttenkäse träufeln – nicht nur fürs Auge, sondern vor allem auch für den Geschmack.

Mein Tipp:

Rote Bete ist für so ziemlich alles gut (u.a. Verdauung, Nerven und Immunsystem) und leistet somit einen hervorragenden Beitrag zu unserer Gesundheit. Auch Sportler haben die Rote Bete für sich entdeckt, denn sie fördert die Ausdauer. Jede Menge Gründe, ein wenig mit diesem Wurzelgemüse zu experimentieren. Zwar färbt es die Finger rot (und nicht nur die!), aber wenn man sich gleich im Anschluss die Hände wäscht, geht die Farbe auch wieder ab. Hüttenkäse, der körnige Frischkäse, wird aus ungepresstem Käsebruch (das aus dickgelegter Milch gewonnene, geronnene Eiweiß) hergestellt, wodurch er seine körnige Struktur behält. Dieser Käse hat einen niedrigen Kohlenhydratgehalt, ist aber reich an Proteinen.

Sie müssen dieses Gericht einmal ausprobieren: total einfach und überraschend anders.

Auberginenröllchen mit Mozzarella und Oliventapenade

ARBEITSZEIT: 30 MINUTEN – GARZEIT: 15 MINUTEN

FÜR CA. 8 RÖLLCHEN

2 Auberginen (dick und lang)
grobes Meersalz
150 g Oliven (ohne Stein)
3 Stückchen getrocknete Tomaten
1 Knoblauchzehe
1 EL Kapern
2 EL Pinienkerne
Olivenöl
1 Mozzarella (125 g)

Kleine, runde Leckerbissen

Erst die Feuchtigkeit aus den Auberginen ziehen, sonst bleiben sie zäh (siehe Tipp).
Oliven, getrocknete Tomaten, Knoblauch, Kapern und Pinienkerne mit 1 großzügigen Schuss Olivenöl im Küchenmixer zu einer glatten Masse pürieren.
Den Mozzarella in längliche Stücke schneiden.
Den Backofen auf 180°C vorheizen.
Die abgebürsteten Auberginenscheiben mit reichlich Olivenöl einreiben und im Ofen 10 Minuten braten.
Die Auberginenscheiben mit der Tapenade bestreichen und jeweils um ein Mozzarellastück wickeln. Mit Zahnstochern feststecken.

Mein Tipp:

Die Auberginen in etwa ½ cm dicke Scheiben schneiden und auf beiden Seiten mit grobem Meersalz bestreuen. Auf einen Teller legen und mit einigen Blättern Küchenpapier abdecken, erneut mit Salz bestreute Auberginenscheiben auflegen, dann wieder Küchenpapier und so weiter. Zum Schluss mit einem Gewicht belasten (ich nehme immer zwei Teller), damit die Feuchtigkeit austreten kann. 10 bis 20 Minuten ziehen lassen. Anschließend die Salzkörner mit einer Bürste oder einem zerknüllten Küchenpapier gründlich abbürsten. Bei Oliven gibt es nur eine Regel: Sie müssen Ihnen schmecken, dann sind sie geeignet! Grüne, schwarze, marinierte – wichtig ist nur, dass sie bereits entsteint sind, sonst hat man viel zusätzliche Arbeit.

Gebratener Halloumi mit grünem Spargel und kleinen Tomaten

ARBEITSZEIT: 20 MINUTEN – GARZEIT: 20 MINUTEN

1 Bund grüner Spargel
Kreuzkümmelsamen
Salz
Pfeffer aus der Mühle
Olivenöl
Aceto balsamico
15 kleine Rispentomaten
getrockneter Thymian
1 Packung Halloumi
Rucola

Den Backofen auf 180°C vorheizen.
Den Spargel, bei dem nur der unterste, harte Teil entfernt wurde, in eine ofenfeste Form legen. Mit Kreuzkümmelsamen, Salz und Pfeffer würzen. Anschließend mit reichlich Olivenöl und Aceto balsamico übergießen. Alles gut vermischen (dabei darauf achten, dass vor allem die Spargelspitzen gut mit Öl benetzt sind) und den Spargel im Ofen 20 Minuten garen.
Die Rispentomaten halbieren und mit der Schnittfläche nach oben in eine zweite Form legen. Mit reichlich Thymian und etwas Salz und Pfeffer würzen. Anschließend im dünnen Strahl mit Olivenöl beträufeln, dabei auch den Thymian benetzen. Die Tomaten nach 10 Minuten zum Spargel in den Ofen schieben.
Den Halloumi in dicke (dreieckige) Scheiben schneiden und in einer beschichteten Pfanne auf beiden Seiten ohne Öl kurz anbraten.
Auf den Tellern ein Bett aus Rucola anrichten, dann die Spargelstangen und die Tomaten auflegen und mit gebratenen Halloumischeiben abschließen. Mit Olivenöl und Aceto balsamico beträufeln.

Halloumi ist ein exquisiter Käse, den man braten kann – einfach lecker!

Mein Tipp:

Halloumi kommt aus Zypern, ist eine Mischung von Ziegen- und Schafskäse und verfügt über eine feste Konsistenz. Er erinnert schwach an Mozzarella, ist aber sehr viel fester. Wenn man ihn erhitzt, schmilzt er nicht, weshalb er sich hervorragend zum Braten oder Grillen eignet. Auch als Käsehäppchen schmeckt er vorzüglich. Man findet Halloumi in gut sortierten Supermärkten.

Schichtsalat mit Tomaten, Rucola und Parmesan

ARBEITSZEIT: 15 MINUTEN – GARZEIT: 20 MINUTEN

20 bis 25 mittelgroße Tomaten
Olivenöl
Aceto balsamico
Fleur de Sel
Pfeffer aus der Mühle
200 g Rucola
1 Ecke Parmesan
frischer Thymian

Den Backofen auf 180°C vorheizen.
Die Tomaten halbieren. In eine große ofenfeste Form reichlich Olivenöl und die doppelte Menge Aceto balsamico gießen, sodass der Boden einige mm hoch mit »Dressing« bedeckt ist. Mit Fleur de Sel und Pfeffer würzen. Die halbierten Tomaten mit den Schnittflächen nach unten in die Form legen und im Ofen 20 Minuten garen. Anschließend die Tomaten häuten.
Den Rucola in eine Schüssel geben, mit etwas Olivenöl beträufeln, salzen und pfeffern. Mit den Händen den Salat weich drücken. Parmesan hobeln.
In eine Servierschale erst Rucola schichten und gut andrücken. Diesen mit gehobeltem Parmesan belegen. Darauf die Tomaten setzen und mit frischem Thymian abschließen.
Dazu getrennt noch ein Dressing aus Olivenöl, Aceto balsamico, Salz und Pfeffer reichen.

Mein Tipp:

Indem man mit den Fingern den Rucola weich drückt, bricht die Blattstruktur auf und werden die Aromen besser freigesetzt. So kann man auch mehr Rucola verwenden, wodurch sich der Geschmack noch intensiviert. Zum Schichten verwendet man am besten einen großen Dessertring. Zuerst den Ring bis zur Hälfte mit Rucola füllen, dabei gut andrücken, darüber den Parmesan und dann die Tomaten. Anschließend den Ring entfernen. Wer keinen Dessertring dieser Größe besitzt, kann auch einfach tiefe Teller verwenden, aus denen der Schichtsalat dann direkt gegessen wird.

Mein Schichtsalat mit Tomaten ist auf Partys immer ein voller Erfolg: schön, im Handumdrehen zubereitet und köstlich!

Tomate & Mozzarella

ARBEITSZEIT: 20 MINUTEN

1 Handvoll Pinienkerne
große reife Tomaten (1 pro Person)
Mozzarella (1 pro Person)
frisches Basilikum
Olivenöl
Aceto balsamico
Parmesan (geraspelt)

Den Backofen auf 180°C vorheizen.
Die Pinienkerne in eine ofenfeste Form legen und im Ofen etwa 6 Minuten rösten. Den Ofen ausstellen, aber die Pinienkerne noch weiterrösten lassen.
Die Tomaten horizontal in Scheiben schneiden, dabei die Stielansätze entfernen.
Den Mozzarella in Scheiben schneiden.
Die Tomaten wieder zusammensetzen, dabei die unterste Scheibe weglassen. Zwischen die Tomatenscheiben jeweils 1 Mozzarellascheibe platzieren, dabei gelegentlich auch 1 Basilikumblatt hinzufügen.
Anschließend mit Olivenöl und Aceto balsamico beträufeln.
Mit gerösteten Pinienkernen und Parmesan bestreuen.

Mein Tipp:

Der Parmesan gibt dem klassischen Gericht »Tomate & Mozzarella« das gewisse Etwas.

Das Besondere eines Gerichts liegt im Detail: Hier ist es der Parmesan.

Champignons mit Brie

ARBEITSZEIT: 15 MINUTEN – GARZEIT: 5 MINUTEN

300 g braune Champignons
Olivenöl
Salz
Pfeffer aus der Mühle
3 Knoblauchzehen
1 EL Zitronensaft
2 EL Sojasauce
1 Bund Portulak
2 Ecken Brie

Die Champignons putzen und die Kappen mit einem Messer sternförmig einschneiden (rein für die Optik, siehe Foto). In einem Topf Wasser zum Kochen bringen und 1 großzügigen Schuss Olivenöl sowie reichlich Salz und Pfeffer hinzufügen.
In diesem Sud den Knoblauch und die Pilze rund 5 Minuten kochen. Abgießen und die Knoblauchzehen herausnehmen.
3 EL Olivenöl mit dem Zitronensaft und der Sojasauce verrühren. Die gegarten Knoblauchzehen fein hacken und mit der Sauce mischen. Nach Geschmack pfeffern, aber nicht salzen, denn die Sojasauce ist schon salzig genug. Auf einem Teller ein Bett aus Portulak machen und darauf die Champignons anrichten. Mit der Sauce übergießen und 1 Ecke Brie danebenlegen.

Mein Tipp:

Im Grunde eignen sich alle Pilzarten für dieses Gericht. Übrigens sind Pilze zudem noch sehr gesund, vor allem der japanische Shiitake und der Austernseitling, aber auch der gelegentlich »Kastanienchampignon« genannte, braune Champignon. Die in Pilzen enthaltenen Polysaccharide wirken anregend auf das Immunsystem, was uns widerstandsfähiger gegen Krankheiten macht. Sojasauce ist vorwiegend aus der asiatischen Küche bekannt. Sie wird aus fermentierten Sojabohnen hergestellt und schmeckt ziemlich salzig. In meiner Küche ist sie eine unverzichtbare Zutat, vor allem als Würze für Vinaigrette. Sojasauce ist fast überall erhältlich.

Ein phänomenales Gericht! Der gegarte Knoblauch in der Sauce gibt ihm einen einzigartigen Pfiff.

Ofengegarte Paprika mit Mozzarella

GARZEIT: 30 MINUTEN – GARNIEREN: 15 MINUTEN

Paprikaschoten in unterschiedlichen Farben (süß schmeckende Sorten, 2 pro Person)
Mozzarella (1 pro Person)
frisches Basilikum
Olivenöl (Extra Vergine)

Den Backofen auf 200°C vorheizen.
Die Paprikaschoten auf einen Grillrost legen und im Ofen 20 bis 30 Minuten garen, bis ihre Haut schwarz geworden ist. Aus dem Ofen holen und mindestens 15 Minuten in einen gut verschlossenen Plastikbeutel legen. Dadurch lassen sie sich anschließend leichter häuten.
Dann die Paprika häuten und die Kerne entfernen (man kann auch warten, bis die Paprika ganz abgekühlt sind, das macht die Arbeit etwas angenehmer).
Den Mozzarella grob zerpflücken.
Die Paprikaschoten in einer großen Schale anrichten, mit frischem Basilikum garnieren und mit Olivenöl beträufeln.

Mein Tipp:

Je bunter, desto besser – und gesünder! Paprika sind echte Vitaminbomben. Sie enthalten mehr Vitamin C als Orangen, vor allem die roten Exemplare. Vitamin C schützt den Organismus vor Infektionen. Im Grunde handelt es sich bei unterschiedlich gefärbten Paprikafrüchten immer um dieselbe Frucht: anfänglich sind sie grün und während der Reifung ändern sie ihre Farbe in Gelb, Orange oder Rot. Je reifer die Paprika, desto süßer schmeckt sie.
Wenn man Paprikaschoten gart, schmecken sie noch viel besser, ihr Aroma intensiviert sich, und besonders die gelben Exemplare werden dann herrlich süß. Der geschmackliche Unterschied zwischen den rohen und den gegarten Früchten ist so groß, dass man beinahe denken könnte, es handle sich um verschiedene Gemüsesorten.

Das süße, milde Aroma gegrillter Paprika ist ein Hochgenuss!

Ziegenkäse mit grünen Bohnen

ARBEITSZEIT: 25 MINUTEN – GARZEIT: 7 MINUTEN

10 grüne Bohnen (lange Schoten, z. B. breite Bohnen)
Salz
1 Tomate
2 Stück Ziegenfrischkäse
grobkörniger Senf
Sahne

Die grünen Bohnen in lange Streifen schneiden, dabei die Endstücke aussparen. Am einfachsten gelingt das mit einem Messer mit scharfer Spitze.
Anschließend in Salzwasser rund 7 Minuten blanchieren. Herausholen, abtropfen lassen und abtupfen.
Unterdessen die Tomate vierteln, die Kerne entfernen und die Viertel klein würfeln.
Eine Tasse nehmen und mit Frischhaltefolie auslegen. Eine erste Schicht Bohnen hineinlegen und vor allem am Tassenboden gut andrücken. Dann die Tasse um 90 Grad drehen und eine zweite Schicht Bohnen andrücken, bis die Innenwand komplett bedeckt ist. Noch einmal mit den Fingern gut andrücken. Mit einem Ziegenkäse füllen und mit einigen Tomatenwürfeln bedecken. Die Bohnenenden darüberfalten. Mit der überstehenden Frischhaltefolie zu einem Päckchen schnüren und von allen Seiten gut festdrücken. Auf dieselbe Weise ein zweites Päckchen herstellen. Bis zum Servieren in den Kühlschrank stellen. Dann die Päckchen herausnehmen und auf Teller stürzen. Für die Sauce einige Löffel Senf mit Sahne verrühren.

Kunstvolles Überraschungspäckchen!

Mein Tipp:

Das Gute ist, dass man alles in Ruhe vorbereiten kann. Auf den ersten Blick erscheint es kompliziert, aber wenn man es erst einmal ausprobiert, merkt man, dass es einfacher ist als es aussieht. Meine Gäste sind immer angenehm überrascht, wenn ich meine »grünen Türmchen« auf den Tisch stelle. Ich serviere sie auf einem Teller und reiche die Sauce getrennt dazu.

Auberginen und Zucchini mit Parmesan und Pinienkernen

ARBEITSZEIT: 30 MINUTEN – GARZEIT: 15 MINUTEN

2 Auberginen
grobes Meersalz
2 Zucchini
Pinienkerne
Olivenöl
Rucola
Aceto balsamico
Parmesan (gehobelt)

Den Backofen auf 180°C vorheizen.
Erst die Feuchtigkeit aus den Auberginen ziehen, sonst bleiben sie zäh (siehe Tipp auf S. 152).
Die Zucchini in Scheiben schneiden.
Die Pinienkerne in eine ofenfeste Form legen und im Ofen 6 Minuten rösten. Den Ofen ausschalten, aber die Pinienkerne noch weiterrösten.
Die Auberginen- und Zucchinischeiben mit Olivenöl einreiben und im Ofen grillen oder in einer Pfanne braten.
In einer flachen Servierschale ein Bett aus Rucola anrichten, darauf einige Scheiben Auberginen und Zucchini legen und mit Parmesan und einem Teil der Pinienkerne bestreuen. Erneut eine Schicht Rucola sowie einige gegarte Gemüsescheiben darüberlegen, Parmesan und restliche Pinienkerne darüberstreuen.
Das Dressing aus Olivenöl und Aceto balsamico getrennt dazu reichen.

Mein Tipp:
Verwenden Sie zum Salzen der Auberginen kein feines Meersalz, da es komplett in das Fruchfleisch einziehen würde. Bei der weiteren Verarbeitung brauchen sie die Auberginen nicht mehr zu salzen.

Ein wahres Gedicht, die Kombination aus gegarten, weichen Gemüsescheiben, knackigem Rucola und gerösteten Pinienkernen.

Mozzarella mit Gemüsestreifen und Walnüssen

ARBEITSZEIT: 15 MINUTEN – GARZEIT: 10 MINUTEN

½ rote Paprikaschote
½ grüne Paprikaschote
1 Möhre
1 Stück Lauch
(etwa 20 cm lang)
½ Zucchino
Olivenöl
8 Scheiben Mozzarella
(siehe Tipp)
Rucola
einige Walnnusskerne
helle Sesamsamen
Balsamicosirup

Paprika, Möhre, Lauch und Zucchino in lange, dünne Streifen schneiden.
Die Gemüsestreifen (bis auf die Zucchini) mit etwas Olivenöl in einer Pfanne andünsten, sie sollen aber noch bissfest bleiben.
Ganz zuletzt die Zucchinistreifen hinzugeben, denn die brauchen nur wenig Garzeit.
Auf einem Teller zuerst 1 Mozzarellascheibe legen, darauf etwas Rucola und Gemüsestreifen, darüber wieder Mozzarella, Rucola und Gemüsestreifen und so fortfahren.
Mit Walnüssen und Sesamsamen garnieren, zuletzt mit Olivenöl und Balsamicosirup beträufeln.

Mein Tipp:

Für dieses Gericht eignet sich eigentlich jeder Käse, den Sie lecker finden. Wichtig ist, dass er sich in schöne, große Scheiben schneiden lässt. In diesem Fall habe ich mich für vorgeschnittene Mozzarellascheiben aus dem Supermarkt entschieden.

Gedünstetes Gemüse mit Käse und Walnüssen ist wirklich eine geniale Verbindung.

Feta mit Gurkensalsa

ARBEITSZEIT: 20 MINUTEN

1 Stück Salatgurke (15 cm)
1 Knoblauchzehe
8 frische Pfefferminzblätter
3 EL Naturjoghurt
Fleur de Sel
Pfeffer aus der Mühle
Olivenöl
2 Tomaten
200 g Feta
2 Frühlingszwiebeln
Brunnenkresse (großblättrig)

Ein sehr erfrischender und origineller Salat.

Die Gurke waschen. Dann der Länge nach halbieren, die Kerne mit einem Teelöffel entfernen und die Gurkenhälften in große Stücke schneiden. Den Knoblauch und die Pfefferminzblätter fein hacken, mit den Gurkenstücken und dem Naturjoghurt in einen Küchenmixer geben und kurz pürieren. Mit Fleur de Sel und Pfeffer abschmecken und nach Geschmack 1 Schuss Olivenöl darunter rühren.

Die Tomaten und den Fetakäse klein würfeln, die Frühlingszwiebeln in schmale Ringe schneiden.

Jeweils in der Mitte eines tiefen Tellers ein Bett aus einer Handvoll Brunnenkresse anrichten und etwas von der Gurkensalsa daraufsetzen. Der aus der Salsa austretende Saft läuft als eine Art Dressing an den Seiten herunter.

Mit Feta- und Tomatenwürfeln sowie den Frühlingszwiebelringen garnieren.

Mein Tipp:

Ich habe es lieber, wenn die Salsa nicht ganz glatt püriert ist, sondern noch etwas Struktur behält.

Die Brunnenkresse ist eine Sumpfpflanze, die Salaten und Saucen einen scharfwürzigen Geschmack verleiht. Am bekanntesten dürfte die kleinblättrige Brunnenkresse sein, es gibt aber auch eine großblättrige Art. Brunnenkresse ist sehr gesund und wirkt blutreinigend.

Gegarte Cocktail-tomaten mit Mozzarellabällchen

ARBEITSZEIT: 5 MINUTEN – GARZEIT: 10 MINUTEN

30 Cocktailtomaten in unterschiedlichen Farben
getrockneter Thymian
Salz
Pfeffer aus der Mühle
Olivenöl
Aceto balsamico
frisches Basilikum
1 Packung Mozzarella-bällchen

Den Backofen auf 180°C vorheizen.
Die Cocktailtomaten halbieren und dicht nebeneinander mit den Schnittflächen nach oben in eine ofenfeste Form legen. Mit reichlich Thymian und etwas Salz und Pfeffer würzen. Die Schnittflächen abschließend sorgfältig mit einem dünne Strahl Olivenöl und etwas Aceto balsamico begießen. Die Tomaten im Ofen etwa 10 Minuten garen.
Die gegarten Tomatenhälften mit frischen Basilikumblättern und den Mozzarellabällchen vermischen, dabei den aromatischen Garsud als Dressing verwenden.

Holen Sie sich den Sommer auf den Teller!

Kaltes Paprika-Käse-»Gratin« mit Tomatensauce

ARBEITSZEIT: 30 MINUTEN – GARZEIT: 30 MINUTEN

FÜR 4 PERSONEN

3 gelbe Paprikaschoten
4 rote Paprikaschoten
3 grüne Paprikaschoten
2 Tomaten
Olivenöl
Fleur de Sel
Pfeffer aus der Mühle
8 Scheiben junger Gouda
Brunnenkresse (großblättrig)

Ob kalt, ob warm – immer himmlisch!

Den Backofen auf 200°C vorheizen.
Die Paprika im Ofen 20 bis 30 Minuten garen, bis ihre Haut schwarz geworden ist. Aus dem Ofen holen und mindestens 15 Minuten in einem gut verschlossenen Plastikbeutel ruhen lassen. Sorgfältig häuten, die Kerne entfernen und die Schoten in schöne, große Scheiben schneiden. Die Paprikascheiben gut trocken tupfen, 1 rote Paprikaschote für die Sauce beiseitelegen.
Nun die Sauce zubereiten. Die Tomaten häuten und klein schneiden. Auch die rote Paprikaschote klein schneiden. Beides in einem Topf mit etwas Wasser und 1 großzügigen Schuss Olivenöl 20 Minuten köcheln lassen. Salzen und pfeffern. Falls die Sauce zu dick wird, Wasser nachgießen. Anschließend zu einer glatten Sauce pürieren.
Eine kleine Kastenform mit Aluminiumfolie auslegen, damit sich das »Gratin« später einfacher aus der Form heben lässt. Die Paprika- und Käsescheiben im Wechsel hineinschichten. Zuletzt mit Käse abdecken. Das »Gratin« mithilfe der Aluminiumfolie aus der Kastenform heben. Senkrecht dicke Stücke abschneiden und auf Tellern platzieren. Mit Brunnenkresse garnieren und mit Fleur de Sel und Pfeffer würzen. Die Sauce (gegebenenfalls erst am Tisch) über die Schnittkanten laufen lassen.

Mein Tipp:

In der Provence nennt man dieses Gericht »Tian« – es wird in einer gleichnamigen Tonschale gebacken. Für warme Gerichte lasse ich die Paprika vor dem Häuten 15 Minuten ruhen, für kalte Gerichte lasse ich sie in dem Plastikbeutel komplett abkühlen, dann geht es am einfachsten.
Verwenden Sie jungen Käse. Sollten die einzelnen Scheiben zu dünn sein, legen Sie einfach zwei übereinander. Sie können das Gratin auch aufwärmen – köstlich!

Ideal für unterwegs oder zwischendurch

Von vielen Leuten werde ich gefragt: *»Was kann ich mittags essen, wenn ich unterwegs oder bei der Arbeit bin und auf Brot verzichten soll?«* Nachstehend einige meiner Lieblingsrezepte: lecker, einfach und schnell!

QUINOA MIT COCKTAILTOMATEN, FRISCHEN KRÄUTERN UND NÜSSEN (S. 50)
Dies ist mein absoluter Favorit. Ein idealer Salat, einfach zubereitet und nahrhaft. Und darüber hinaus kann man ihn prima variieren. Ich habe zu Hause immer Nüsse und gekochten Quinoa im Schrank stehen. Letzteren kann man im Bioladen kaufen. Ansonsten mache ich den Kühlschrank auf und schnippel alle Gemüsesorten klein, die ich dort finde. Das dauert keine zehn Minuten!

DER LECKERSTE TOMATENSALAT DER WELT (S. 46)
Ein sehr praktisches Rezept, denn im Sommer hat man eigentlich immer Tomaten im Haus. Lässt sich auch hervorragend mit Feta oder Mozzarella und frischen Kräutern kombinieren. Himmlisch!

OBSTSALAT (S. 70)
Zusammen mit den gemischten Kernen und der Kokosmilch (oder Joghurt) wird aus Früchten eine vollwertige Mahlzeit.

KRABBEN MIT GRÜNEN BOHNEN UND SELBSTGEMACHTER MAYONNAISE (S. 84)
Anstelle von Bohnen können Sie auch andere Gemüsesorten verwenden, beispielsweise Spargel oder Brokkoli. Auch Blumenkohl passt prima zu Krabben.

KURZ GEBRATENER LACHS MIT KROSSER HAUT AUF EINEM GEMÜSEBETT (S. 112)
Man kann das Gemüse bereits am Vorabend klein schneiden und im Kühlschrank für den nächsten Tag aufbewahren.

ROTE BETE MIT HÜTTENKÄSE (S. 150)
Die Rote Bete schmeckt umso intensiver, je länger sie in der Marinade ziehen kann. Allerdings sollte man den Hüttenkäse erst kurz vor dem Verzehr zur Roten Bete geben.

FETA MIT GURKENSALSA (S. 170)
Ideal als Mittagssnack – das Gericht können Sie prima bereits am Vorabend zubereiten.

GEGARTE COCKTAILTOMATEN MIT MOZZARELLABÄLLCHEN (S. 172)
Die Tomaten brauchen nicht gegart zu werden, auch roh passen sie perfekt in dieses Rezept.

Warum gesunde Ernährung so wichtig ist

»Wenn das, was wir in uns hineinstopfen, keinen Einfluss auf uns hat, – was dann?«

David Wolfe, einer der renommiertesten Ernährungsexperten Nordamerikas

Wer sich gesund ernährt, fühlt sich einfach besser. Das liegt in der Natur des Menschen. Der Körper funktioniert reibungsloser, man ist beweglicher, das Gewicht liegt im Normalbereich, man steigt Treppen hoch, ohne aus der Puste zu kommen, hat mehr Energie, ist seltener krank, usw.. Und damit rede ich nur über die ganz alltäglichen Dinge des Lebens.

Vielleicht kann man nicht alles im Leben kontrollieren, wohl aber, wie man lebt und sich ernährt. Das Risiko, an Darm-, Magen- oder Speiseröhrenkrebs zu erkranken, lässt sich durch eine gesunde Ernährung um bis zu 75 Prozent verringern! Das Brustkrebsrisiko kann sich um 50 Prozent verringern. Wer unter extremer Fettleibigkeit (Adipositas) leidet, hat eine um fünf bis zwanzig Jahre verkürzte Lebenserwartung. Zu den gefährlichen gesundheitlichen Folgekomplikationen der Adipositas gehören in erster Linie Diabetes und Herzerkrankungen.

Wir leben in einer Zeit, in der wir glauben, dass sich jedes gesundheitliche Problem mit Pillen und Tabletten lösen lässt. Doch in den Köpfen vieler dringt mittlerweile durch, dass dieser Weg seine Grenzen hat. Statt alles dafür zu tun, Krankheiten zu vermeiden, liegt der Schwerpunkt auf dem »Reparieren«, dem Heilen.

Ich finde es unendlich schade, dass es in der westlichen Ernährung nur noch darum geht, wie etwas schmeckt. Was das Essen mit unserem Körper anstellt, das interessiert niemanden mehr. Obwohl doch jede Zelle in unserem Körper aus dem aufgebaut ist, was wir zu uns nehmen. Wer schlecht isst, dessen Zellen werden dementsprechend beeinflusst, die Gehirnzellen eingeschlossen, und das Befinden leidet ebenfalls darunter. Mit dem Verzehr von naturbelassenen, für den Menschen geeigneten Nahrungsmitteln stellt sich auch bei den Körperfunktionen ein natürliches Gleichgewicht ein. Der Körper wird dann im wörtlichen und im übertragenen Sinne mit mehr Leben erfüllt. Und das ist die beste Garantie für ein langes Leben mit einer hohen Lebensqualität.

Was meine Rezepte so gesund macht

VIEL OLIVENÖL UND NUSSÖL

Fette sind für unser Gehirn und unsere Zellstruktur ein unverzichtbarer Nahrungsbestandteil. Sie spielen eine wichtige Rolle im Speiseplan eines jeden, der sich gesund ernähren und dabei schlank bleiben will. In der Natur gibt es keine schlechten oder guten Fette. Worauf es ankommt, ist Ausgewogenheit. Wir verteufeln gesättigte Fettsäuren zwar in Bausch und Bogen – eigentlich zu Unrecht, denn es gibt auch gesunde gesättigte Fettsäuren, beispielsweise im Kokosfett.
Durch unsere einseitige Ernährung nehmen wir allerdings zu viel einer bestimmten Sorte Fett auf. Nicht verstoffwechselte Kohlenhydrate wandelt unser Körper schnell in gesättigte Fettsäuren um. Und der Verzehr gesättigter Fettsäuren in Verbindung mit großen Mengen von Kohlenhydraten wirkt sich schädlich auf unsere Gesundheit aus. Äußerst ungesunde Fette sind beispielsweise die sogenannten Transfette, die häufig durch die industrielle Verarbeitung von Lebensmitteln entstehen. Nach dieser Verarbeitung enthalten solche Nahrungsmittel (Sonnenblumenöl, Maisöl, Sojaöl, usw.) auch häufig Omega-6-Fettsäuren, mit denen unser Körper bereits überversorgt ist und die entzündungsfördernd wirken. Stattdessen fehlen uns Omega-3-Fettsäuren, die vor allem in fettreichen Fischarten, einigen Nüssen und Leinsamen enthalten sind, aber auch einfach ungesättigte Fettsäuren, wie in Olivenöl und vielen Nussölen. Transfettsäuren sowie zu große Mengen an gesättigten Fettsäuren und Omega-6-Fettsäuren sind demnach möglichst zu vermeiden, ebenso wie eine zu kohlenhydratlastige Ernährungsweise. Für Fette gilt ebenso wie für Gemüse: je abwechslungsreicher, desto besser.

VIEL FISCH UND GUTES FLEISCH

Es ist bedauerlich, aber der Hauptgrund, weshalb wir unseren Fleischkonsum reduzieren sollten, ist die immer schlechtere Qualität des Fleischs durch Überproduktion und (Getreide-)Fettmast in der Massentierhaltung. Solcherart produziertes Fleisch enthält zu viele gesättigte Fettsäuren und andere Zusätze, die darin nichts zu suchen haben. Essen Sie deshalb vorzugsweise Wild oder Fleisch von Tieren, die unter möglichst natürlichen Bedingungen aufwachsen konnten.

VIEL ROHES GEMÜSE

Isst man Gemüse roh, behält es alle darin enthaltenen Vitamine, Enzyme und andere sekundäre Pflanzenstoffe. Beim Kochen gehen viele dieser wertvollen Inhaltsstoffe verloren. Deshalb ist der Sommer die ideale Jahreszeit, sich an köstlichen Gemüsesalaten sattzuessen.

VIELE FRISCHE KRÄUTER UND KNOBLAUCH

Frische Kräuter und Knoblauch sind nicht nur sehr schmackhaft, sie wirken auch entzündungshemmend. Insbesondere Knoblauch verfügt über antimikrobielle und antibakterielle Eigenschaften. Dadurch wird unser Immunsystem unterstützt und wir sind besser gegen Krankheiten gewappnet.

VIEL GRÜNES GEMÜSE

Grüne Blattgemüsesorten sind wichtige Lieferanten von Spurenelementen und die wichtigste Quelle für die Versorgung mit Chlorophyll. Chlorophyll spielt eine essenzielle Rolle bei der Produktion roter Blutkörperchen und unterstützt dadurch das Wachstum, den Erhalt und die Regenerierung unseres Körpergewebes.

VIELE TOMATEN

Tomaten enthalten eines der wirkungsvollsten Antioxidantien: Lykopin. Dieser Wirkstoff soll unter anderem auch vor Prostatakrebs schützen. Damit unser Körper Lykopin aufnehmen kann, benötigt er Fett, weshalb man Tomaten immer mit etwas Öl zubereiten sollte. Lykopin ist eine der wenigen Substanzen, die ihre chemische Struktur durch Erhitzen nicht verlieren. Im Gegenteil, Wärme setzt den Wirkstoff frei, sodass er besser verstoffwechselt werden kann. Idealerweise bereitet man Tomaten mit etwas Olivenöl im Ofen zu.

KEINE INDUSTRIELL VERARBEITETEN PRODUKTE

Um leckere Mahlzeiten auf den Tisch zu bringen, braucht man wirklich keine raffinierten oder stark verarbeiteten Lebensmittel. Verbannen Sie diese komplett aus Ihrer Küche, sie fügen Ihrer Gesundheit und Ihrem Hormonhaushalt nur Schaden zu. Darüber hinaus entziehen sie dem Körper wichtige Nährstoffe, weil sie nur noch wenige oder gar keine der ursprünglichen gesunden Inhaltsstoffen enthalten, wie zum Beispiel Vitamine, Spurenelemente oder Antioxidantien. Dabei benötigt der Körper alle diese Stoffe gerade dann besonders, wenn er industriell erzeugte Nahrungsmittel verdauen soll. Man zwingt ihn förmlich dazu, seine eigenen Reserven anzuzapfen. Zu meiden sind industriell hergestellte Fertigsaucen, Fette, Backwaren aus Weißmehl, Limonaden, Zucker und vieles mehr.

LECKERE, GESUNDE SAUCEN

Meine Saucen setzen sich aus natürlichen Säften und dem bei der Zubereitung entstehenden Garsud zusammen. Ich verwende keine Dickmacher wie Mehl oder gekaufte Fonds mit Sahne, bei mir kommen die natürlichen Aromen zur Geltung. Meine Saucen darf man unbeschwert essen und genießen! Sie tun dem Körper gut.

GEMÜSE UND OBST GEGEN ÜBERSÄUERUNG

Einer der wichtigsten Faktoren für eine stabile Gesundheit ist ein ausgeglichener Säure-Basen-Haushalt. Die in den westlichen Industrieländern übliche Ernährungsweise mit viel Getreide, Zucker, Fleisch und Fertiggerichten trägt stark dazu bei, dass unser Körper übersäuert. Deshalb ist es besonders wichtig, viele basisch wirkende Lebensmittel zu essen, die dieser Übersäuerung des Körpers entgegenwirken – also Gemüse und Obst.

GUT ESSEN UND DABEI SATT WERDEN

Ich verwende gesunde Eiweiße, Fette und Öle, die in Kombination mit ballaststoffreichem Gemüse angenehm sättigen. Eiweiße und Fette bzw. Öle stimulieren die Produktion des Hormons Cholecystokinin im Dünndarm. Je mehr Cholecystokinin ausgeschüttet wird, desto stärker ist das Sättigungsgefühl. Kohlenhydrate hingegen tragen nicht zur Bildung dieses Hormons bei. Das erklärt, warum man sich an kohlenhydratreichen Lebensmitteln wie Nudeln, Pommes frites, Keksen und anderem überessen kann. Darüber hinaus werden bei der industriellen Verarbeitung die Ballaststoffe aus den Kohlenhydraten weitgehend entfernt, sodass das Sättigungsgefühl gar nicht mehr ausgelöst werden kann.

WENIG KOHLENHYDRATE

Ich esse selten Hartweizennudeln, Brot, Kartoffeln, weißen Reis o.ä., sondern hole mir meine Kohlenhydrate aus Gemüse und Obst. Für jemanden, der sich nur mäßig sportlich betätigt, ist das mehr als genug. Wenn mir trotzdem einmal der Sinn nach Kohlenhydraten steht, bevorzuge ich ballaststoffreiche Lieferanten, wie zum Beispiel Quinoa, Buchweizen, Linsen, Bohnen und wilden Reis. Wer sich viel bewegt, wie beispielsweise Sportler, braucht mehr Kohlenhydrate, profitiert aber auf jeden Fall auch von den »gesunden« Alternativen.

MILCHPRODUKTE IN GERINGEN MENGEN

Etwa achtzig Prozent der Weltbevölkerung leidet unter einer Laktoseintoleranz, sprich, einer Unverträglichkeit von Milchprodukten. Diese enthalten zudem tierische Fette mit einem hohen Anteil gesättigter Fettsäuren. Vom Standpunkt der menschlichen Evolution aus betrachtet, sind Milchprodukte keine natürliche Nahrung. Erst mit der Einführung des Ackerbaus begann der Mensch, die Milch von Tieren zu trinken.
Milchprodukte aus Bakterienkulturen, wie zum Beispiel Joghurt, Feta, Mozzarella oder Hüttenkäse, sind besser verdaulich. Sie wurden in gewisser Weise bereits vorverdaut. Deshalb gilt für alles, was aus Milch hergestellt wird: in Maßen genießen.

Im Alltag

Ich weiß, wovon ich viel und was ich nur in kleinen Mengen essen darf.

Unterm Strich esse ich in meinem Alltag zu rund 70 Prozent konsequent nach meinen eigenen Regeln, und das vor allem zu Hause, wo ich meine Mahlzeiten am liebsten einnehme. Doch auch den Rest der Zeit muss ich auf Genuss nicht verzichten. Bei Freunden oder in Restaurants esse ich ganz normal das, was dort aufgetischt wird, und mache höchstens einen Bogen um Brot oder Kartoffeln. Dann und wann ein Nachtisch ist auch für mich etwas Leckeres und passt prima in meine Ernährungsphilosophie. Man sollte auch in Bezug aufs Essen nicht zum Prinzipienreiter werden. Extreme haben wenig Verlockendes. Die Grundlage sollte eine gesunde Küche sein, zu der man immer wieder zurückkehrt.

IM RESTAURANT

Ich liebe es, Essen zu gehen, und Restaurantbesuche lassen sich mit meinem Ernährungsstil auch problemlos vereinbaren. In den Restaurants, die wir häufiger besuchen, weiß man bereits, dass kein Brot auf dem Tisch zu stehen braucht. Darüber hinaus bitte ich, die Kartoffeln wegzulassen und nur Gemüse zu servieren. Gelegentlich bekomme ich dann eine doppelte Portion Gemüse aufgetischt.

BIO-LEBENSMITTEL: JA ODER NEIN?

Ich mag es nicht, mir etwas vorschreiben zu lassen, auch nicht durch die Gesundheitsindustrie. Sicherlich enthält Gemüse mehr Mineralstoffe, wenn es auf nährstoffreichen Böden angebaut wurde, aber auch Gemüse aus dem Supermarkt hat immer noch mehr Mineralstoffe als eine Scheibe Toast mit Butter und Marmelade. Allerdings ist es ein gewichtiges Argument für Bio-Produkte, dass bei ihrem Anbau keine Pestizide, Antibiotika oder chemische Zusätze zum Einsatz kommen.

ÜBER ERNÄHRUNG INFORMIEREN

Der Dreh- und Angelpunkt ist Aufklärung. Die Nahrungsmittelindustrie wird von vielen als Verursacher der Fettleibigkeitszunahme angeprangert. Das mag zum Teil stimmen, aber es ist kein Grund unkritisch zu sein. Man sollte nichts einfach in den Mund stecken, »weil es lecker ist«. Informieren Sie sich über das, was Sie essen! Holen Sie sich das Beste aus unserer Welt des Überflusses. Noch nie hatte der Mensch so viel Auswahl an nährstoffreichen, gesunden Produkten und an relevanten Informationen. Lesen Sie Bücher oder Artikel über gesunde Ernährung, machen Sie sich kundig. Gerade in Zeiten des Internets sind diese Informationen für jedermann leicht zu beschaffen. Aber wichtiger ist: Gebrauchen Sie Ihren gesunden Menschenverstand. Sie allein treffen die Entscheidung!

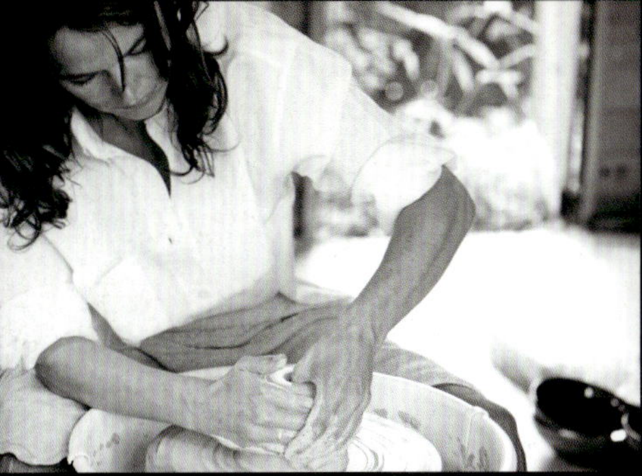

Serviceline »Pure« by Pascale Naessens for Serax

Ich erschaffe mir meine eigene Welt, und mache so die Welt von innen und außen ein wenig schöner. In einem schönen und einladenden Ambiente zu essen, ist mindestens ebenso wichtig, wie das Essen selbst. Auch das ist eine Form der Nahrung.

Nicht nur die Gerichte, sondern auch die Teller und Schüsseln sind meiner Kreativität und meiner Hände Arbeit entsprungen. Himmlische Gerichte in wunderschönen Keramikobjekten zu servieren, ist pure Romantik, pure Kommunikation.

Wenn es die Hektik des Alltags gelegentlich erlaubt, ziehe ich mich ein paar Tage in mein Atelier zurück und töpfere die Teller, Schüsseln und Schalen, die ich selbst verwenden möchte. Mit den fertigen Stücken gehe ich anschließend zu meinen Partnern bei Serax, wo wir zusammen die besten und schönsten Entwürfe aussuchen, die dann in den Serax-Werkstätten in Serie gehen. Ich gebe es gerne zu – für mich ist ein Traum wahr geworden:

- natürliche Materialien
- organische Formen
- Authentizität
- Erde, Feuer und Wasser
- warme Farben
- pure Formen.

Alle Rezepte

Alle Zutaten

Literaturliste

Ons Voedsel. Over wat erin zit, hoe het wordt gemaakt & wat het met ons doet. Frans M. de Jong, Fontaine Uitgevers, Hilversum, 2008.

Het antioxidantenwonder. Michaela Döll, Centrale Uitgeverij Deltas, Oosterhout, 2006.

Voeding als medicijn. Rob Oppedijk, Kosmos Uitgevers, Utrecht, 2008.

Voeding en gezondheid. Michael Sharon, Centrale Uitgeverij Deltas, Oosterhout, 2001.

Erfelijkheid 2.0. Richard C. Francis, Uitgeverij Lannoo, Tielt, 2011.

Darwin in de supermarkt. Mark Nelissen, Uitgeverij Lannoo, Tielt, 2011.

En ze leefden nog lang en gezond. Luc Bonneux, Uitgeverij Lannoo, Tielt, 2011.

Homo Energeticus. Peter Aelbrecht, Standaard Uitgeverij, Antwerpen, 2012.

Het Mediterrane Dieet. Fedon A. Lindberg, Het Spectrum, Houten, 2008.

Eet wat bij je past. Christine Tobback, Standaard Uitgeverij, Antwerpen, 2009.

Wat is er mis met vis. Dos Winkel, Uitgeverij Elmar, Delft, 2008.

Eet je gezond. Patrick Mullie, Lannoo Campus, Leuven, 2010.

Is dik in orde? Obesitas als norm. Patrick Mullie, Lannoo Campus, Leuven, 2011.

Nutricijnen. Reinhard Verlinden, Standaard Uitgeverij, Antwerpen, 2011.

Optimaal gezond zonder medicijnen. Rudy Proesmans, Standaard Uitgeverij, Antwerpen, 2010.

Oerdis. Liesbeth Smits en Henk Huizing, Kunstmag, 2009.

Ze zijn wat je ze te eten geeft. Alex Richardson, Standaard Uitgeverij, Antwerpen, 2007.

Laat je niet volvreten. David A. Kessler, Uitgeverij Contact, Amsterdam, 2010.

Antikanker. David Servan-Schreiber, Kosmos Uitgevers, Utrecht, 2010.

Eten tegen kanker. De rol van voeding bij het ontstaan van kanker. R. Beliveau & D. Gingras, Kosmos Uitgevers, Utrecht, 2006.

Voedingsingrediënten: een stand-van-zaken. Annelies Vandamme en Katelijne Strubbe, Lannoo Campus, Leuven, 2006.

Spijs voor je brein. Hoe chemicaliën je gedachten en gevoelens sturen. Gary Wenk, Uitgeverij Veen Magazines, 2011.

Langer jong en gezond met antioxidanten. Michaela Döll, Centrale Uitgeverij Deltas, Oosterhout, 2011.

Voeding die baat, voeding die schaadt. Reader's Digest, 2011.

Voedsel als medicijn. Reader's Digest, 2009.

Bijnieruitputting. Het stresssyndroom van de 21e eeuw. James L. Wilson e.a., Succesboeken.nl, 2009.

Evolutionaire geneeskunde. F.A.J. Muskiet, Nederlands Tijdschrift voor Klinische Chemie en Laboratoriumgeneeskunde 30, 2005 en 36, 2011.

De voedselzandloper. Kim Verburgh, Uitgeverij Bert Bakker, Amsterdam, 2012.

Over eten en koken. Harold Mc Gee, Nieuw Amsterdam Uitgeverij, Amsterdam, 2006.

Gezond eten door de juiste voedselcombinaties. Dr. H. M. shelton (voor meer info, zoek op internet naar dr. H. M. Shelton).

Voedselcombinaties. Jan Dries, Arinus, Genk, 1993.

Natuurvoeding. Jan Dries, vzw Nieuw Leven, 1979.

Slank en gezond door juiste voedselcombinaties en het fruit-groentedieet. Patrick Geryl, De Vries-Brouwers, Antwerpen, 2003.

www.purepascale.com

Rezepte, Texte, Styling und Layoutkonzept: Pascale Naessens
Fotografie: Heikki Verdurme
Fotos Seite 11, 74-75, 76-77, 79, 97, 116, 119 und hintere Umschlaginnenseite: Willem De Meerleer
Fotos Seite 66, 67, 132-133: Paul Jambers
Layout: Whitespray
Titel des belgischen Originals: Puur Genieten – en toch gezond en slank

Übersetzung: Katrin Bosse

ISBN 978-3-89883-476-6

Besuchen Sie uns auch im Internet unter www.zsverlag.de